# 업종별 상장기업
# 재무제표 하이라이트

# 업종별 상장기업
# 재무제표 하이라이트

지은이 김대욱
펴낸이 이종록   펴낸곳 스마트비즈니스
등록번호 제 313-2005-00129호   등록일 2005년 6월 18일
주소 경기도 고양시 일산동구 정발산로 24, 웨스턴돔타워 T4-414호
전화 031-907-7093   팩스 031-907-7094
이메일 smartbiz@sbpub.net
ISBN  979-11-6343-057-5   03320

초판 1쇄 발행  2023년  12월  6일

# 업종별 상장기업 재무제표 하이라이트

## 빠르고, 정확하게, 핵심만,
## '맞춤형 재무제표 분석 노하우!'

| 김대욱 지음 |

**Sb**
smart business

# 성공 투자를 위한 업종별,
# 재무제표 '핵심 포인트'는 분명 따로 있다!

## 늦었지만 약속을 지키고자 했다 ──

주로 주식투자자를 대상으로 상장기업 재무제표 분석에 대한 강의를 진행하면서, **많이 받는 질문 중 하나가 업종별 재무제표 특징이 정리된 책이 있으면 추천해달라는 내용이었다.** 또한 필자가 평소 자신 있는 업종에 대한 재무제표 특징도 함께 정리해서 강의해달라는 요청도 많았다.

이를테면 강의 도중 반도체 장비 회사들이 보유하고 있는 유형자산은 대부분 토지와 건물이며 생산설비는 생각보다 많지 않은 이유를 설명하거나, 은행 업종의 현금흐름표는 일반 제조업에 속하는 기업들의 현금흐름표와 달라야 하는 이유를 설명하는 경우처럼, 다른 여러 업종에 대한 재무제표 특징을 정리해달라는 요청을 적지 않게 받아 왔다.

그런 요청이 있을 때마다 자료 정리를 마치는 대로 출간과 함께 강의도 하겠다고 답변해왔으나, 지난 수년간 차일피일 미루며 그 약속을 지키지 못하고 있었다. 특정 업종별 전문가 수준으로 전 업종의 재무제표 특징을 정리해서 출간하거나 강의할 실력이 되지 못한다는, 필자 스스로의 자신감 결여가 가장 큰 이유였다.

그러나 지난 몇 년간 여러 업종별 상장기업의 재무제표 분석을 강의하면서, 이제 출간이 가능할 정도로 자료를 정리했다는 어느 정도의 자신감이 생기면서 이 책을 준비하게 되었다.

## 최대한 많은 업종을 다루고자 했다 ──

가능한 전 업종의 재무제표를 다루고자 했다. 목차상으로 19개 업종실제는 더 많다의 재무제표를 다뤘다. **다른 업종과 구별되는 재무제표 특징이 있는 업종이 있는 반면에 "이 업종의 재무제표 특징은 이겁니다."라고 할 수 있는 부분이 없는 업종도 있다.**

따라서 무리해서 없는 특징을 만들어 인위적으로 설명하기보다는 재무제표 특징이 없는 업종의 경우에, 필자가 상장기업 재무제표를 분석하는 방식으로 접근해서 설명했다.

그렇기 때문에 재무제표 특징이 뚜렷한 업종은 여러 기업의 실제 사례를 가지고 자세히 설명할 수 있었지만, 그렇지 못한 업종은 필자 스스로 내용상의 아쉬움을 감출 수 없었다. 이러한 어려움에도 불구하고 다년간의 기업탐방과 재무제표 강의 경험을 바탕으로 용기 내어 출간을 결심했다.

## 재무제표 계정과목에 대한 단순 설명은 생략했다 ——

이전에 출간한 필자의 재무제표 책들과 마찬가지로 재무제표와 계정과목에 대한 단순 설명은 생략했다. 실전 주식투자에 도움되는 재무제표 분석을 다루는 데에 집중하고 싶었기 때문이다. 재무제표가 무엇이고 계정과목은 무엇인지 설명하는 다수의 책에, 필자도 끼어들어 독자들의 책 선택에 혼란을 주고 싶지 않았다.

하지만 이번 책에서는 **일부 업종의 경우 특정 계정과목에 대한 이해가 선행되어야 하기에, 해당 계정과목을 먼저 설명했다.** 계약자산과 계약부채, 사용권자산과 리스부채가 그것이다. 몇 개 계정과목에 대한 설명을 제외하고, 이 책의 목표는 업종별 재무제표 특징에 대한 설명이다. 그렇기에 이전 책과 마찬가지로 재무제표가 무엇인지에 대한 설명은 없다.

그래서 재무제표에 대한 지식이 어느 정도 있어야, 큰 어려움 없이 책의 내용을 이해할 수 있을 것이다. 이전에 출간한 필자의 《핵심 사례로 배우는 재무제표 분석 30분 완성》을 먼저 숙독하고 나서, 이 책을 읽기를 권한다. 그러나 재무제표 분석에 익숙하지 않은 독자들도 충분히 읽어 내려갈 수 있도록, 최대한 쉽고 자세하게 설명하고자 노력했다.

## 업종별 분석 대상 기업 선정 기준은 이렇다——

**해당 업종만을 영위하는 기업을 분석 대상으로 선정했다.** 예를 들어 이 책에서 석유화학 업종의 분석 대상은 LG화학이 아닌 롯데케미칼이다. 그 이유는 LG화학이 시가총액도 크고 롯데케미칼보다 업종을 대표하는 기업으로 더 많이 알려져 왔다.

하지만 물적분할 이후 LG화학의 종속 기업이며 전기자동차 배터리 생산 업체인 LG에너지솔루션의 실적이, 전체 LG화학의 실적에 미치는 영향력이 커졌다.

그런 이유로 LG화학을 석유화학 업종의 재무제표 특징 분석 대상에서 제외하고, 순수 석유화학 사업 회사에 가장 가까운 롯데케미칼을 분석 대상으로 결정했다.

철강 업종 역시 다양한 업종에서 영업을 영위하고 있는 다수의 종속 기업을 보유한 포스코홀딩스가 분석 대상이 아닌, 철강 사업에 집중하고 있는 현대제철을 분석 대상으로 정했다.

## 기업의 영업 상황을 그림으로 그리다 ——

주식투자를 하면서 평소 재무제표를 나름대로 분석하고 있는 주변 지인들이나 수강생들로부터 종종 받는 질문이 있다. 바로 기업의 재무제표를 제대로 분석하고 있는지, 잘못 분석하고 있는지 알 수 있는 방법이 있느냐는 것이다. 아마도 재무제표를 공부하는 사람이라면 한 번쯤 궁금해했을 듯하다.

그런 질문을 받을 때마다 필자는 재무제표를 제대로 분석하면, 기업의 영업 상황을 그림으로 자세히 그릴 수 있게 된다고 말해준다. 실제로 필자는 **재무제표를 들여다보면 기업의 영업 상황이 어떤지, 어떤 어려움과 문제점이 있는지, 다른 사람들에게 그림을 그리듯 상세하게 설명할 수 있다.**

필자가 진행하고 있는 재무제표 분석 강의에서 수강생들이 가장 좋아하는 시간이, 상장기업의 재무제표를 즉석에서 바로 분석해보는 것이다. 기업의 영업 상황은 물론 현재 어떤 어려움과 문제점을 가지고 있는지, 체크 포인트를 설명해주는 시간이다.

필자도 재무제표 분석이 부족했던 시절에는 도통 기업의 영업 상황이 제대로 그려지지 않았다. 희미하고 막연하던 기업의 영업 상황이 점점 또렷하게 그림으로 그려지기 시작한다면, 기업의 재무제표를 제대로 분석하기 시작했다고 받아들여도 된다. 그 방법은 오롯이 반복 연습과 부단한 노력뿐이다.

## 재무제표 분석으로 투자 유망 종목을 발굴할 수 있다는 생각은 버리자——

 상장기업의 재무제표를 제대로 분석하면, 분명 현재 기업의 영업 상황을 충분히 파악할 수 있다. 그러나 정확하게 거기까지다. 예를 들어 재무제표를 들여다본다는 것은 마치 어떤 사람이 산을 오르기 위해서 등산복을 입고, 모자를 눌러 쓰고, 등산화의 끈을 단단히 동여매고 집을 나서는 모습을 보는 것과 같다.

 재무제표 분석은 산을 좋아하는 사람이, 산을 오르기 위해서 집을 나서는 모습까지만 볼 수 있는 것이다. 그후 등산을 간 사람이 거침없이 산 정상까지 올라갔는지, 아니면 다른 동반자들과 중간에 내려와서 근처 음식점에서 막걸리에 두부김치를 먹고 집으로 돌아왔는지는 나중에야 알 수 있다.

 따라서 재무제표 분석으로 투자 유망 종목을 찾아낼 수 있다는 순진한 생각은 이제 하지 말자. **재무제표 분석의 목표는 투자 유망 종목이 아닌, 절대 투자하지 말아야 할 문제 기업을 걸러 내는 작업임을 기억하기 바란다.**

 한 권의 책을 완성하는 데 걸리는 시간은 필자마다 크게 차이가 있다. 단 한 권의 책을 출간하기 위해서 수년간 준비하는 필자가 있는 반면, 몇 달 만에 뚝딱 한 권의 책을 완성하는 필자도 있다.

 필자는 후자에 가깝다. 300회가 넘는 기업탐방으로 얻게 된 실제 기업의 모습들, 기업탐방 준비를 위한 애널리스트 리포트와 재무제표 분석 경험을 바탕으로 빠르게 원고를 써 내려 간다.

그러나 이번 책은 준비 기간이 이전에 출간한 책들과는 다르게, 필자 입장에서는 상당히 긴 시간이 필요했다. 모든 업종을 분석하고자 했기 때문에 이것저것 준비할 게 많았다.

여하튼 본 책이 업종별 재무제표 특징을 다루는 책을 기다려왔던 독자들에게 다소나마 도움이 되길 기원한다.

# 차례

머리말  성공 투자를 위한 업종별, 재무제표 '핵심 포인트'는 분명 따로 있다!  · 4

들어가면서  업종별 특징에 따른 '맞춤형 분석 도구'로 재무제표를 읽어라!  · 14

**1  조선업** : 계약자산과 계약부채에 조선업 경기가 보인다 · 18

＊한화오션, HD현대중공업, 삼성중공업

**2  반도체** : 생산설비 가동률을 쉽게 조절하지 못하는 이유? · 36

＊SK하이닉스, 삼성전자, 원익IPS, 유진테크, 솔브레인, 리노공업

**3  전기자동차 배터리** : 배터리 회사의 이익을 결정하는 계정과목 · 66

＊LG에너지솔루션, 삼성SDI, 에코프로비엠, 피엔티

**4  해운, 여객운송** : 2019년 바뀐 회계 처리 기준이, 기업의 재무 구조를
바꾸어놓다 · 86

＊HMM, 팬오션, 대한항공

**5  정유, 석유화학** : 회사의 이익이 증가하는 시기는 따로 있다 · 104

＊S-Oil, 롯데케미칼

**6** **철강, 금속** : 경기 예측이 가장 어려운 업종 • 119

＊현대제철, 고려아연

**7** **건설, 플랜트** : 주택 경기에 의존하는 사업 구조 • 126

＊GS건설, 삼성엔지니어링

**8** **금융업** : 일반 제조업과는 현금흐름표가 다르다 • 134

＊KB금융, 키움증권

**9** **자동차** : 금융이 현금흐름을 집어삼키다 • 144

＊현대자동차, 기아자동차

**10** **유통** : 매출채권보다 매입채무가 많은 이유? • 153

＊이마트, 롯데쇼핑

**11** **제약, 바이오** : 무형자산에 대한 손상차손을 확인하자 • 159

＊삼성바이오로직스, 셀트리온, 한미약품, 대웅제약

**12** **여행, 호텔, 카지노** : 코로나19 팬데믹이 모든 것을 바꾸다 • 172

＊하나투어, 호텔신라, 강원랜드

**13** **음식료** : 인플레이션 이후를 기대하자 • 184

＊오리온, 농심, 오뚜기, 하이트진로, KT&G

**14** **게임** : 연구개발활동이 중요한 이유? • 194

＊엔씨소프트, 크래프톤

**15** **엔터테인먼트** : 콘텐츠에 대한 제작비를 무형자산으로 회계 처리 • 200

＊하이브, 스튜디오드래곤

**16** **전력, 도시가스** : 가공의 매출액으로 이익을 내다 • 206

＊한국전력, 한국가스공사

**17** **인터넷** : 무형자산에 기업의 성장 배경이 보인다 • 217

＊NAVER, 카카오, 사람인, 에코마케팅

**18** **통신** : 유형자산도 많고, 무형자산도 많다 • 226

＊SK텔레콤, 이노와이어리스, 쏠리드

**19** **전기전자** : 재무제표로 본 삼성전기와 LG이노텍의 차이점 • 233

＊ LG전자, 삼성전기, LG이노텍

# 업종별 특징에 따른
# '맞춤형 분석 도구'로 재무제표를 읽어라!

업종별 재무제표 분석에서 공통적으로 집중 분석하고자 했던 부분은 다음과 같다.

**주식투자자들의 재무제표 분석의 최종 목적은 기업의 영업 성과를 분석하고, 그것을 토대로 기업이 추진하고 있는 영업 방향을 확인하는 것이다.** 기업의 영업 성과를 파악할 수 있는 가장 중요한 계정과목은 손익계산서에서 확인이 가능한 매출액과 영업이익이다.

영업이익은 매출액에서 기업의 주된 비용인 매출원가 그리고 판매비와 관리비를 차감해서 구할 수 있다. 따라서 필자는 기업의 주된 비용과 관련이 깊은 계정과목들이, 재무제표 분석에서 핵심이 된다고 생각한다.

아래에서 설명하는 3가지가 그것이다.


## 첫째, 유형자산 변동 내역이다 ——

기업이 유형자산을 보유하는 가장 큰 이유는 매출을 일으키기 위한 것이다. 따라서 매출액과 가장 관련이 깊은 계정과목이 바로 유형자산이다. 그런데 재무상태표에서 확인이 가능한 유형자산은 총액만 표시된다. 자세한 내용을 파악하기 위해서는 재무제표 주석에 있는 유형자산 변동 내역을 들여다봐야 한다.

**우리는 상장기업의 유형자산 변동 내역을 통해서 기업의 현재 영업 상황 파악이 가능한 경우가 많다.** 예를 들어 생산 물량을 늘리기 위해서 설비투자를 진행 중인지, 건설중인자산은 대부분 어떤 유형의 투자인지 알 수 있다. 이를 통해서 기업이 어떤 방향으로 영업을 추진하고 있는지 파악이 가능해진다.

또한 기업의 주된 비용 중 하나인 감가상각비 규모는 얼마인지, 향후 감가상각비는 어느 수준까지 증가할지도 예측이 가능해진다.


## 둘째, 연구개발비다 ——

기업이 연구개발에 많은 투자를 하는 가장 큰 이유는 신제품개발이나 기존 제품의 품질 향상을 통해서 매출을 증가시키기 위함이다. 따라서 **연구개발에 대한 투자 규모 역시 기업의 매출액이 향후 증가할 지 여부를 판단하는 데 중요하다.**

필자의 경험상 성장 산업에 속하는 기업들은 매출액 대비 연구개발비 비중이 높거나, 연구개발비 절대 금액 자체가 큰 경우가 많았다. 산업이 확장되는 과정이기에, 고객의 요구에 의해 신제품개발에 많은 투자가 필요하다.

반면에 경기순환 업종에 속하는 기업들은 연구개발비 규모가 작고, 대신 꾸준히 설비투자를 늘리는 경우가 많다. 생산하는 제품 자체가 경쟁 기업과 차별화를 이루기가 쉽지 않기 때문이다. 무엇보다 업종 경기가 회복되어야 비로소 매출과 이익이 동시에 증가하는 기업들의 경우에는 연구개발에 많은 투자를 할 필요가 없다.

또한 소재나 부품 등 특정 제품을 대량 생산하는 기업들 역시, 연구개발에 많은 투자를 할 필요가 없다. 당연히 연구개발에 투자를 많이 해야 하는 업종에 속하는 기업들이 주식시장에서 많은 관심을 받아왔다.

## 셋째, 비용의 성격별 분류다 ——

재무제표 주석에서 확인이 가능한 비용의 성격별 분류에서, 우리는 기업의 주된 비용인 매출원가 그리고 판매비와 관리비에 대한 자세한 정보를 얻을 수 있다.

**또한 우리가 재무제표 분석으로 유일하게 수익을 낼 수 있는 방법이 바로 기업의 비용 구조를 파악하는 일이다.**

인건비나 감가상각비 등 고정비 비중이 높은 기업의 경우에 매출이 증가해야 이익이 증가한다. 반면에 원재료 비중이 높은 기업의 경우에 제품 가격과 원재료 가격의 차이<sub>스프레드</sub>가 확대되어야 이익이 증가하게 된다. 기업의 비용 구조는 '비용의 성격별 분류'를 통해서 파악이 가능하다.

업종마다 중점적으로 분석해야 할 계정과목들에 차이가 있고, 재무제표 분석만으로는 부족한 업종도 있다. 본 책에서는 필자가 생각하는 업종마다 필요한 분석 도구를 사용하려고 노력했다.

이제 업종별 재무제표를 들여다보도록 하자.

# 1. 조선업

## 계약자산과 계약부채에
## 조선업 경기가 보인다

한화오션, HD현대중공업, 삼성중공업

## ▷ 계약자산과 계약부채 이해하기 ◁

업종별 상장기업의 재무제표 특징을 설명하기 전에 계약자산과 계약부채를 우선적으로 설명하고자 한다. 그 이유는 조선, 건설, 플랜트 등 수주를 바탕으로 하는 업종뿐만이 아니라 최근 여러 업종과 기업들이 계약자산과 계약부채라는 계정과목을 자주 사용하고 있기 때문이다.

따라서 해당 계정과목에 대한 정확하고 상세한 설명이 필요하다는 판단에 따라, 먼저 계약자산과 계약부채에 대해서 알아보도록 하자.

**계약자산이란 고객이 대가를 지급하기 전이나 사전에 고객과 약정**

**한 지급 기일 전, 기업이 고객에게 재화나 용역을 제공하는 경우에 미지급된 금액이다.** 이전에는 '미청구공사'라는 계정과목으로 사용되었으나, 현재 대부분의 기업은 미청구공사 대신 계약자산이라는 계정과목을 쓰고 있다.

일부 기업은 미청구공사<sub>현대건설</sub> 등 계정과목을 아직 사용하고 있다. 같은 개념의 계정과목으로 이해하면 된다.

예를 들어 A사가 B에게 어떤 제품을 만들어 납품하는 계약을 체결했다고 하자. A사는 열심히 제품을 만들었으나 공정을 확인해보니 50%에 그쳐 있었다. 계약상 A사가 대금을 받으려면 공정률이 80%가 넘어야 한다. 아직 공정률이 80%에 도달하지 못했기 때문에, 당장 대금 청구는 할 수 없다. 하지만 이미 열심히 작업한 50%에 대해서는 언젠가는 청구가 가능하다.

결국 전체 계약 금액의 50%만큼은 대금 청구는 못했지만 A사가 의무 수행을 했기 때문에, 미래에 받을 수 있는 자산으로 볼 수 있는 것이다. 계약에 따라 미래에 받을 수 있는 계약자산을 재무제표에 계상할 수 있다.

**반대로 기업이 고객에게 재화나 용역을 제공하기 전에 이미 고객에게서 그에 상응하는 금액을 지급받았다면, 해당 금액이 계약부채가 된다.** 선수금보다 넓은 의미로 사용되지만, 그냥 선수금으로 봐도 무방하다. 계약부채라는 계정과목 대신 예전에는 초과청구공사라고 사용했다.

## ▷ 오랜 시간 공사 및 설치가 필요한 수주 기업의 매출 인식, 공사진행률 ◁

예를 들어 시공사인 건설 회사가 시행사로부터 아파트 재건축을 수주하는 상황을 가정해보자. 재건축 계약조건은 공사 기간이 3년이고, 총 수주 금액이 1.1조 원이다. 시공사가 산출한 총 공사 예상원가<sub>아파트</sub> 를 재건축하는 데 들어가는 총 비용가 9,000억 원이라고 가정해보자.

일반 제조업의 경우 대부분의 기업은 제품을 생산해서 고객에게 납품하는 시점에 매출을 인식한다. 따라서 만일 시공사인 건설 회사가 아파트 재건축을 완공해서 시행사의 완공 승인을 받는 시기에 한꺼번에 매출을 인식한다고 가정하면, 건설 회사의 회계 처리는 다음과 같을 것이다.

| | 공사 1년 차 | 공사 2년 차 | 공사 3년 차 |
|---|---|---|---|
| 매출액 | 0 | 0 | 1.1조 원 |
| 매출원가 및 판관비 | 3,000억 원 | 3,000억 원 | 3,000억 원 |
| 영업이익 | -3,000억 원 | -3,000억 원 | +8,000억 원 |

아파트 재건축 초기 2년간은 매출이 전혀 없다. 오히려 아파트를 재건축하는 데 원자재 및 인건비 등 비용만 사용하여, 공사 1~2년 차에는 대규모 적자가 났다. 그리고 공사 마지막 해에 대규모 매출 인식과

함께 흑자 전환할 것이다.

이는 합리적인 회계 처리가 아니다. 따라서 이렇게 **대규모 비용과 오랜 시간이 필요한 조선, 건설, 플랜트 등 수주 기업들의 매출 인식은 공사 진행률에 따라 하고 있다.** 공사 진행률은 실제 사용원가를 총 공사 예상원가로 나눈 백분율이다. 여기서 계약자산이 생겨난다.

수주 기업의 매출 인색 = 수주 금액 × 공사진행률

공사진행률 = 실제 사용원가 ÷ 총 공사 예상원가 × 100%

다음의 예를 살펴보자.

**가. 회계 기간 종료에 따른 계약자산 발생**

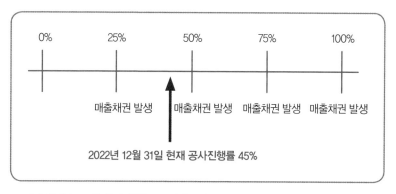

— 총 공사대금 1조 원, 공사진행률 25%마다 공사대금 지급조건

이 공사로부터 발생하는 2022년도 기업의 매출액은 4,500억 원수주 금액 1조 원 × 공사진행률 45%이다. 이 매출액에서 매출채권또는 매출채권의 현금 회수 2,500억 원, 추가로 공사가 진행된 20%에 해당하는 2,000억 원은 회계 기간이 종료됨에 따라 고객에게 공사대금을 청구하지 못하여 계약 자산이 된다.

추가로 5%의 공사가 진행되어야 계약조건에 따라 고객으로부터 공사대금을 받을 권리인 매출채권이 생겨난다. 즉 모든 계약자산은 특별한 문제가 발생하지 않는 이상 고객이 대금 지급을 약속한어음 발행 매출채권으로 계정과목이 바뀌게 된다.

일반적으로 언급되는 계약자산미청구공사의 부실 가능성에 대해서 살펴보자.

## ▷ 계약자산의 부실화 가능성 ◁

이전에는 계약자산미청구공사의 부실화 가능성이 높다는 주장이 많았다. 앞에서 예를 든 아파트 재건축 수주를 다시 가정해보자.

공사 진행률이 45%인 상황에서 회계 기간이 종료되어 시공 회사가 총 공사대금의 45%에 해당하는 금액을 매출액으로 회계 처리한 상황에서, 고객인 시행사와 다툼이 발생하는 경우가 벌어질 수 있다.

예를 들어 시행사가 아파트 재건축 중간 점검을 했을 때 아파트 화장실 벽타일 상태가 고르지 못하고, 계약 당시 원했던 색상과도 차이가 있다고 판단할 수 있다. 그럴 경우 시행사는 시공 회사에 화장실 벽타일을 전부 뜯어내고 원래 색상으로 교체하라고 요구할 것이고, 시공사는 전혀 문제가 없다고 주장할 수 있다.

결국 시행사는 전체 공사진행률 45% 중에서 40%만 제대로 진행된 공사로 인정하고, 나머지 5%<sub>화장실 벽타일</sub>는 인정할 수 없다고 주장할 수 있다. 이 경우 다툼이 발생한 공사대금 5%는 수취채권<sub>매출채권</sub>을 받지 못하여 계약자산으로 회계 처리가 된다.

만일 고객인 시행사의 요구대로 화장실 벽타일 시공을 다시 할 경우에 시공사인 건설 회사는 추가 비용이 발생할 것이다. 이런 이유로 예전에는 계약자산의 부실화 가능성이 높다는 주장이 많았다. 그러나 많은 경우 계약자산은 앞에서 설명한 회계 기간 종료에 따라 발생하거나, 다음의 경우 자주 발생한다.

**나. 매출 인식과 대금 지급조건 차이로 계약자산, 계약부채 발생**

반도체나 전기자동차 배터리 장비를 생산하는 회사의 경우를 생각해보자.

실제로 장비제작 기간이 길어서 장비제작 진행률에 따라 매출 인식을 하는 상장 회사가 적지 않다. 그런데 납품하는 장비의 대금을 지급받는 조건은 같은 회사라도 장비 종류에 따라, 고객에 따라 다른 경우가 아주 많다. 실제 기업의 사례를 보자.

주식 IR 담당자를 통해서 확인한 내용이다. 매출의 70% 이상이 전기자동차 배터리 생산용 장비인 상장기업 피엔티의 경우에 장비 종류와 고객에 따라 차이가 있지만, 주로 장비공급 계약조건은 선수금<sub>계약</sub>금, 중도금, 잔금을 3 : 5 : 2의 비율로 장비대금을 수령하고 있다. 장비 생산 기간이 길고 장비 가격도 비싼 관계로, 현재 회사는 진행률에 따라 매출을 인식하고 있다.

특이한 부분은 피엔티가 생산하고 있는 장비는 길이가 100m가 넘는 관계로, 고객에게 여러 부품 형태로 장비를 선적하고 피엔티 직원이 고객의 생산라인을 방문해서 부품조립 및 설치를 완료해주고 있다.

고객은 장비공급 계약 시 선수금을 지급하고, 고객의 생산라인에 각종 부품이 도착할 때 중도금을 지급하고 있다.

그런데 피엔티는 고객의 생산라인에 부품조립 및 설치 완료하는 시점에 장비공급 계약의 중도금은 물론 잔금까지, 전체 매출 인식하고 종료한다. 따라서 장비의 부품조립 및 설치 완료 이전에 받는 중도금은 계약부채<sub>초과청구공사</sub>이고, 피엔티가 매출을 인식하는 시점에 계약부채는 사라지게 된다.

잔금은 이차전지 장비 설치 완료 후 보통 1년 뒤 수령<sub>일종의 품질보증 기간</sub>하고 있다. 따라서 매출 인식 종료 시점<sub>장비 설치 완료 시점</sub>에 잔금은 계약자산이 되고, 1년 뒤 고객이 잔금 지급을 약속<sub>어음 발행</sub>하는 시점에 계약자산이 매출채권으로 바뀌게 된다.

이상의 내용을 정리하면 다음과 같다.

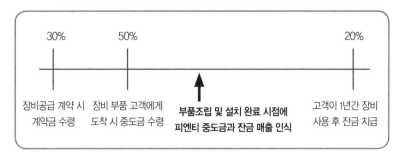

— 피엔티 장비공급 계약조건 및 매출 인식

만일 피엔티가 장비 부품을 고객이 수령하는 시점에 매출 인식을 종료하고, 고객은 부품조립 및 설치 완료 시점에 중도금을 지급한다고 치자. 그러면 피엔티 장비가 고객 생산라인에 도착하는 시점에 중도금에 대한 계약자산이 발생하고, 부품조립 및 설치 완료가 되는 시점에 중도금에 대한 계약자산은 매출채권으로 변경된다. 물론 잔금은 설치 완료 후 1년간 고객이 장비를 사용할 때까지 계약자산으로 남을 것이다.

이처럼 **제품 생산 기간이 길고, 수주 금액이 큰 거의 모든 제조업에 속하는 많은 상장 회사들은 현재 매출 인식을 제품 생산 진행률에 따라 하고 있다. 그렇기 때문에 계약자산 또는 계약부채라는 계정과목은 당연히 생겨난다.**

### 다. 제품 품질보증 기간에 의한 계약자산

반도체 장비나 전기자동차 배터리 생산용 장비 회사들은 고객으로

부터 반도체나 전기자동차 배터리 생산용 장비의 품질보증 기간을 요구받는 경우가 많다.

예를 들어 고객이 6개월 혹은 1년 정도 장비를 사용하고 특별한 문제가 발생하지 않아야, 일정 금액을 지급하는 장비공급 계약을 고객으로부터 요구받는 경우다. 따라서 품질보증 기간 동안 지급받지 못한 대금은 계약자산으로 회계 처리된다. 그리고 품질보증 기간이 경과하면 비로소 고객으로부터 수취채권매출채권을 받게 된다. 마찬가지로 부실화 가능성은 작을 것이다.

그 외에도 여러 기업 간 거래에서 계약자산은 생겨날 수 있으나, 앞에서 설명한 3가지 경우가 가장 빈번하게 발생하는 계약자산 형태다.

## ▷ 조선 업종 회사, 수주조건 개선으로 현금흐름 개선 중 ◁

일반적인 조선 회사의 수주대금 수령 방식은 계약, 착공, 탑재, 진수, 인도의 총 5단계 공정으로 구분해서 지급받고 있다. 글로벌 금융위기 이전에는 단계별로 대략 20%씩 대금을 지급받았다. 하지만 금융위기 이후에는 수요자 우위 시장으로 바뀌면서 공정별 대금 지급이 20%에서 10%로 줄어들었고, 인도 시점에 60%를 지급하는 방식으로 바뀌게 되었다.

**조선업은 전통적으로 진행률에 따라 매출을 인식하는 산업이다.** 따라서 금융위기 이후에는 수주할수록 그리고 공정이 진행될수록 계약자산이 증가하고, 운전자본 증가에 따른 현금흐름 악화로 기업들의 차입금은 오히려 증가하는 상황이었다. 즉 수주가 많을수록 재무 구조는 나빠지는 역설적인 상황이 발생했다.

다행히 2021년부터 조선 업종 회복에 따라 수주선가가 이전보다 30~40% 상승했다. 동시에 수주조건이 많이 개선되어, 현금흐름이 예전보다 좋아지고 있다.

다음의 그림이 이해하는 데에 도움이 될 것이다.

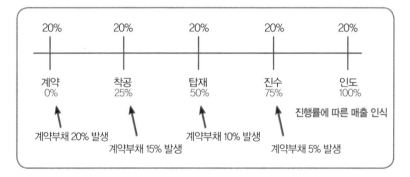

— 글로벌 금융위기 이전, 대금 수령 방식

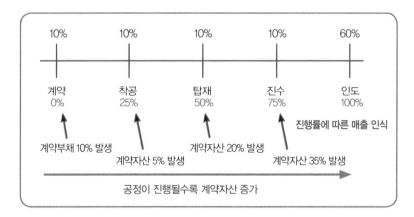

— 글로벌 금융위기 이후, 대금 수령 방식

(단위 : %)

| 사업 부문 | 매출 유형 | 품목 | 구체적 용도 | 주요 상표 | 매출비중 | | |
|---|---|---|---|---|---|---|---|
| | | | | | 제23기 | 제22기 | 제21기 |
| 상선 | 제품 | LNGC | LNG 운반 | DSME | 83.9 | 82.2 | 72.6 |
| | | LPGC | LPG 운반 | | | | |
| | | Containership | 포장(Container)화물 운반 | | | | |
| | | COT | 원유, 액체 화학제품 운반 | | | | |
| 해양 및 특수선 | 제품 | FPSO/FLNG | 부유식 원유/가스 생산・저장・하역 설비 | DSME | 14.5 | 16.5 | 26.7 |
| | | Fixed Platform | 고정식 원유 생산설비 | | | | |
| | | Drillship, Semi-Rig | 원유 시추설비 | | | | |
| | | WTIV | 해상풍력발전기 설치선 | | | | |
| | | 잠수함/수상함 | 방산분야 | | | | |
| 기타 | - | 서비스, 해상화물운송 등 | 기타 서비스업, 해상화물운송 등 | - | 1.6 | 1.3 | 0.7 |
| 합 계 | | | | - | 100.0 | 100.0 | 100.0 |

위 화면은 한화오션의 2022년(제23기) 사업보고서에서 확인한 주요 제품의 판매 금액 및 판매 비중이다. 각종 선박 매출 비중이 80% 이상이고, 나머지가 해양 및 특수선 매출이다.

주요 제품 가격 추이를 살펴보자.

(단위 : 백만 USD)

| 품목 | | 제23기 | 제22기 | 제21기 |
|---|---|---|---|---|
| Tanker | VLCC | 120.0 | 112.0 | 85.5 |
| | SUEZMAX | 80.0 | 76.0 | 56.0 |
| Containership | 22,000~ 24,000TEU | 215.0 | 189.0 | 142.0 |
| LNGC | 174,000CBM | 248.0 | 210.0 | 186.0 |

2021년(제22기)부터 주요 제품의 가격이 크게 오르고 있는 것을 볼 수 있다. 2021년 이후 수주 여건이 어떻게 변했는지 재무상태표에서 확인해보자.

## ▷ 계약자산과 계약부채에 조선 업종 경기가 보인다 ◁

(단위 : 원)

| | 제 20 기 | 제 19 기 | 제 18 기 |
|---|---|---|---|
| 자산 | | | |
| 유동자산 | 6,871,061,134,451 | 7,350,036,433,186 | 6,651,301,609,437 |
| 현금및현금성자산 | 2,012,238,821,503 | 351,189,667,631 | 205,795,485,057 |
| 단기금융상품 | 417,252,295,834 | 74,778,237,847 | 82,504,070,440 |
| 당기손익인식금융자산 | | | 31,376,907,892 |
| 당기손익-공정가치금융자산 | 287,280,101 | 382,480,276 | |
| 단기상각후원가금융자산 | 7,050,000 | 1,130,000 | |
| 유동성만기보유금융자산 | | | 26,720,000 |
| 매출채권및기타채권 | 369,428,201,126 | 706,860,654,231 | 442,748,537,763 |
| 계약자산 | 2,210,899,261,583 | 4,372,351,838,852 | |
| 미청구공사 | | | 4,089,029,793,881 |
| 계약부채 | 1,802,295,581,622 | 1,871,290,388,386 | |
| 초과청구공사 | | | 2,354,606,951,314 |

위 화면은 한화오션의 2017년(제18기)-2019년(제20기) 사업보고서 재무상태표의 매출채권, 계약자산과 계약부채 규모다. 계약조건이 나빴던 당시 선수금이 대부분인 계약부채초과청구공사보다 계약자산미청구공사 금액이 더 많은 것을 볼 수 있다.

또한 매출채권보다 계약자산 금액이 연도별로 6~9배 많다. 매출 인식은 진행률 방식인데 공정별 대금 지급 비율이 낮아진 관계로, 계약자산만 쌓이고 현금흐름은 나빠지는 상황이다.

다음 화면을 보자.

(단위 : 원)

| | 제 23 기 | 제 22 기 | 제 21 기 |
|---|---|---|---|
| 자산 | | | |
| 유동자산 | 7,822,464,527,787 | 6,481,079,243,776 | 5,953,237,429,075 |
| 현금및현금성자산 | 659,721,353,644 | 1,778,939,684,909 | 1,343,559,258,347 |
| 단기금융상품 | 492,238,300,925 | 310,692,716,217 | 69,893,554,199 |
| 단기상각후원가측정금융자산 | 16,150,000 | | 14,100,000 |
| 매출채권및기타채권 | 404,741,920,827 | 345,121,592,212 | 675,748,812,902 |
| 계약자산 | 2,566,075,039,882 | 1,936,517,059,375 | 2,175,885,782,235 |
| 계약부채 | 4,681,596,485,441 | 2,094,172,332,343 | 1,245,691,737,749 |

위 화면은 한화오션의 2020년(제21기)-2022년(제23기) 사업보고서 재무상태표의 매출채권, 계약자산과 계약부채 규모다. 선가 상승과 이에 따른 수주조건 개선으로 2022년 계약부채선수금 및 공정 진행에 따라 발생한 계약부채 금액이 계약자산의 2배 가까이 증가했다.

계약부채의 증가로 이전보다 현금흐름도 개선되는 영업 상황이 전개되었다. 또한 계약자산이 매출채권의 3~6배로 계약조건이 나빴던 2017~2019년보다 개선되었다.

같은 시기 삼성중공업의 계약자산과 계약부채 규모를 파악해보자. 참고로 조선 업종의 대표 기업인 HD현대중공업은 기업 분할로 인해

2020년 이전 사업보고서가 없는 관계로, 한화오션과 삼성중공업만 살펴본 것이다.

(단위 : 원)

| | 제 46 기 | 제 45 기 | 제 44 기 |
|---|---|---|---|
| 자산 | | | |
| 유동자산 | 6,929,473,532,110 | 7,405,496,120,544 | 6,779,932,597,869 |
| 현금및현금성자산 | 384,251,205,560 | 945,975,871,006 | 353,530,365,169 |
| 단기금융상품 | 472,930,511,642 | 419,096,173,138 | 769,649,609,817 |
| 매출채권 | 200,977,706,457 | 508,283,713,531 | 344,452,533,846 |
| 미청구공사 | | | 3,094,496,613,542 |
| 계약자산 | 2,481,660,017,812 | 3,206,444,279,358 | |
| 초과청구공사 | | | 1,440,181,081,633 |
| 계약부채 | 1,562,637,489,287 | 2,207,414,666,950 | |

위 화면은 삼성중공업의 2017년(제44기)-2019년(제46기) 재무상태표 일부다. 수주 여건이 좋지 않았던 시기에 한화오션처럼 계약자산이 계약부채보다 많음을 알 수 있다.

(단위 : 원)

| | 제 49 기 | 제 48 기 | 제 47 기 |
|---|---|---|---|
| 자산 | | | |
| 유동자산 | 8,411,943,463,061 | 5,593,582,858,119 | 6,697,962,907,319 |
| 현금및현금성자산 | 919,191,704,413 | 571,214,288,727 | 987,151,865,443 |
| 단기금융상품 | 113,168,773,041 | 599,476,184,559 | 526,166,006,573 |
| 매출채권 | 700,822,389,840 | 113,674,372,272 | 259,334,721,233 |
| 계약자산 | 2,319,153,150,815 | 1,532,623,747,237 | 2,111,726,371,077 |
| 계약부채 | 3,757,436,239,741 | 2,628,389,389,838 | 1,731,775,632,681 |

앞 화면은 2020년(제47기)-2022년(제49기) 삼성중공업의 재무상태표 일부다. 수주 여건이 개선된 2021년(제48기) 이후 계약부채가 계약자산보다 많아져서 현금흐름도 개선된 모습이다.

이렇게 **계약자산과 계약부채 계정과목을 이해하고 조선 회사의 수주 방식을 알게 된다면, 우리는 재무제표 분석만으로도 조선 회사의 영업 상황이 현재 개선되고 있는지 또는 악화하고 있는지 충분히 파악할 수 있다.**

## ▷ 선가 상승으로 조선 회사의 이익 개선이 가능할까? ◁

| | | (단위 : 백만 원) |
|---|---|---|
| 구 분 | 당기 | 전기 |
| 재고자산의 변동 | (631,139) | (172,422) |
| 원재료 매입 | 3,898,337 | 2,567,360 |
| 종업원급여 | 851,036 | 747,135 |
| 감가상각비 | 106,539 | 103,927 |
| 사용권자산상각비 | 23,822 | 19,953 |
| 무형자산상각비 | 135 | 85 |
| 제수수료 | 121,847 | 99,153 |
| 여비교통비 | 6,481 | 3,045 |
| 관리용역비 | 74,250 | 81,245 |
| 임차료 | 36,980 | 32,604 |
| 외주가공비 | 1,452,252 | 924,409 |
| 공사손실충당금 전입(환입) | (169,498) | 1,048,535 |
| 기 타 | 702,672 | 786,208 |
| 합 계 | 6,473,714 | 6,241,237 |

옆 화면은 한화오션의 2022년(당기) 사업보고서 재무제표 주석에서 확인한 비용의 성격별 분류다. 전체 비용 중 50% 이상이 원재료 비용이다. HD현대중공업은 전체 비용 중 원재료가 차지하는 비중이 60% 이상이다. 기본적으로 원재료 비중이 높은 업종 중 하나가 바로 조선 업종이다.

따라서 2021년 이후 선가가 30~40% 상승했으나, 원재료 가격도 급등한다면 선가 상승의 효과는 제한적일 것이다.

원재료 가격 동향을 다음 화면에서 살펴보자.

(단위 : 원)

| 품 목 | 제23기 | 제22기 | 제21기 |
|---|---|---|---|
| STEEL PLATE(원/TON) | 1,220,962 | 1,085,091 | 677,647 |
| SECTION(원/TON) | 1,306,442 | 1,122,925 | 687,500 |
| PAINT(SHOP PRIMER)(원/L) | 5,918.29 | 3,675.05 | 3,373.80 |

위 화면은 한화오션의 2020년(제21기)-2022년(제23기) 주요 원재료 가격 변동 추이다. 2021년(제22기) 이후 주요 원재료 가격이 크게 상승하고 있는 것을 볼 수 있다. 즉 선가 상승에 따른 매출 및 영업이익에 긍정적인 효과가 원재료 가격 급등으로 일정 부분 상쇄될 것임을 쉽게 예상할 수 있다.

그럼에도 불구하고 조선 업종 재무제표 분석으로, 다음과 같은 결론을 내릴 수 있다.

## ▷ 수주하는 선박의 선가가 상승해야 기본적으로 이익이 증가하는 구조 ◁

조선 회사의 전체 비용 중 원재료 비용이 차지하는 비중이 비록 가장 높지만, 인건비와 감가상각비 등 고정비도 적지 않은 비중을 차지하고 있다. 그런 관계로 **원재료 가격이 동시에 급등하더라도 선가가 상승하는 시기에 기업의 매출과 영업이익도 증가하는 구조다.**

보통 선박을 건조하기 시작해서 고객에게 인도하기까지, 대략 2~3년 정도의 시간이 소요된다. 따라서 2021년 이후 선박 수주단가의 상승은 2023년 이후의 기업 실적에 본격적으로 반영될 것으로 예상된다. 그리고 영업 여건의 변화를, 조선 회사의 계약자산과 계약부채 분석으로 충분히 파악할 수 있다.

(단위 : 백만 원)

| 과 목 | | 2022년 | 2021년 | 2020년 | 비고 |
|---|---|---|---|---|---|
| 원 재 료 비 | | 12,996 | 7,233 | 3,968 | |
| 인 건 비 | | 30,610 | 21,618 | 16,571 | |
| 감 가 상 각 비 | | 1,389 | 1,428 | 1,223 | |
| 위 탁 용 역 비 外 | | 58,896 | 47,145 | 59,016 | |
| 연구개발비용 계(*) | | 103,891 | 77,424 | 80,778 | |
| (정부보조금) | | (189) | (117) | - | |
| 회계처리 | 경상개발비 | 71,228 | 65,187 | 67,749 | |
| | 연구비 | 3,235 | 2,951 | 4,151 | |
| | 개발비(무형자산) | 29,239 | 9,169 | 8,878 | |
| 연구개발비/매출액 비율 [연구개발비용계÷당기매출액×100] | | 1.14% | 0.93% | 0.97% | |

위 화면은 HD현대중공업의 2022년 사업보고서에서 확인한 연구개발활동이다. 연도별 매출액 대비 연구개발비 비중이 대략 1% 내외다.

34

삼성중공업, 한화오션 등 국내 빅3 조선 회사 모두 매출액 대비 연구개발비 비중은 1% 내외다.

조선 업종의 주요 연구개발활동은 친환경 및 고부가가치 선박에 대한 연구다. 타 업종과 비교해볼 때 연구개발에 많은 투자는 하지 않고 있다.

# 2. 반도체
## 생산설비 가동률을
## 쉽게 조절하지 못하는 이유?

SK하이닉스, 삼성전자,
원익IPS, 유진테크, 솔브레인, 리노공업

▷ **반도체 생산 회사, 막대한 설비투자** ◁

반도체 업종의 대표적인 특징은 막대한 설비투자 및 R&D투자라고 할 수 있다. 설비투자 및 연구개발에 쓰는 돈은 타 업종의 추종을 불허한다. 매년 많은 금액을 투자해서 최대한 많은 반도체를 생산 판매하여 큰 이익을 내고, 그 돈으로 다시 막대한 설비투자를 지속하는 산업이라고 할 수 있다.

따라서 **신규 업체가 새롭게 반도체 산업에 진입할 수 있는 가능성은 시간이 지날수록 적을 수밖에 없다.**

재무상태표 자산 계정 중 유형자산은 총액만 표시된다. 그런 이유로 전년도와 비교해서 정확한 투자 규모를 알아내는 일이 쉽지 않다. 기업의 연간 투자 규모를 정확하게 파악하기 위해서는 재무제표 주석 유형자산 변동 내역을 살펴봐야 한다.

(단위 : 백만 원)

| 구 분 | 토지 | 건물 | 구축물 | 기계장치 | 차량운반구 | 기타의유형자산 | 건설중인자산 | 합 계 |
|---|---|---|---|---|---|---|---|---|
| 기초장부금액 | 1,145,557 | 8,610,548 | 2,096,970 | 34,090,276 | 37,493 | 741,794 | 6,503,029 | 53,225,667 |
| 취득 | 78,105 | 383,566 | 462,123 | 12,776,162 | 129 | 259,712 | 5,690,112 | 19,649,909 |
| 사업결합으로 인한 증가 (주석 37) | 1,449 | 58,744 | 147 | 232,998 | - | 12,609 | 37,976 | 343,923 |
| 손상 | - | - | (6,157) | (1,534) | - | - | - | (7,691) |
| 처분 및 폐기 | (91,525) | (67,618) | (358) | (5,255) | - | (1,150) | (25,708) | (191,614) |
| 감가상각 | - | (546,363) | (160,765) | (12,026,217) | (3,375) | (308,338) | - | (13,045,058) |
| 대체(*) | 82,203 | 1,733,426 | 113,169 | 3,674,885 | - | 21,584 | (5,638,529) | (13,262) |
| 환율변동 등 | 3,415 | 78,329 | (20,666) | 200,526 | (4) | (20) | 5,074 | 266,654 |
| 기말장부금액 | 1,219,204 | 10,250,632 | 2,484,463 | 38,941,841 | 34,243 | 726,191 | 6,571,954 | 60,228,528 |

위 화면은 SK하이닉스의 2022년 사업보고서 재무제표 주석 중 유형자산 변동 내역이다. 반도체 경기가 나빠지기 시작한 2022년에도 SK하이닉스는 19.6조 원을 신규로 투자했다. 참고로 반도체 경기가 좋았던 2021년 SK하이닉스는 신규로 13.3조 원을 투자했다.

총 투자 금액 19.6조 원 중 생산설비기계장치에 대한 투자가 가장 많은 12.7조 원으로 나타나고 있다. 여기에 건설중인자산에서 대체된 3.6조 원이 추가되어, 기계장치의 기말장부 금액은 38.9조 원이다.

한편 대한민국을 대표하는 기업인 삼성전자의 경우에 반도체 사업 부문이 회사 전체 매출에서 차지하는 비중은 생각보다 크지 않다.

(단위 : 억 원, %)

| 부 문 | 주요 제품 | 매출액 | 비중 |
|---|---|---|---|
| DX 부문 | TV, 모니터, 냉장고, 세탁기, 에어컨, HHP, 네트워크시스템, 컴퓨터 등 | 1,824,897 | 60.4% |
| DS 부문 | DRAM, NAND Flash, 모바일AP 등 | 984,553 | 32.6% |
| SDC | 스마트폰용 OLED패널 등 | 343,826 | 11.4% |
| Harman | 디지털 콕핏, 텔레매틱스, 스피커 등 | 132,137 | 4.4% |
| 기타 | 부문간 내부거래 제거 등 | △263,099 | △8.8% |
| 총 계 | | 3,022,314 | 100.0% |

위 화면은 삼성전자의 2022년 사업보고서 사업의 내용 중 '주요 제품 및 서비스' 일부다. 반도체 사업 부문의 매출은 삼성전자 전체 매출 중 32.6%다. 반도체 가격의 급락으로 기업 실적이 크게 악화된 2023년 1분기 반도체 사업 부문의 매출 비중은 21.5%까지 크게 감소했다.

전체 매출에서 반도체 사업 부문이 차지하는 비중이 비록 30%대지만, 전체 설비투자에서 반도체 사업 부문이 차지하는 크기는 절대적이다.

| 구 분 | 토지 | 건물및구축물 | 기계장치 | 건설중인자산 | 기타 | 계 |
|---|---|---|---|---|---|---|
| 기초장부금액 | 9,830,154 | 38,869,440 | 79,526,297 | 18,009,324 | 3,693,324 | 149,928,539 |
| - 취득원가 | 9,943,570 | 62,651,459 | 274,909,571 | 18,009,324 | 11,958,070 | 377,471,994 |
| - 감가상각누계액(손상 포함) | (113,416) | (23,782,019) | (195,383,274) | - | (8,264,746) | (227,543,455) |
| 일반취득 및 자본적지출(*1) | 138,925 | 5,302,095 | 31,010,080 | 16,675,741 | 2,100,119 | 55,226,960 |
| 감가상각 | (49,516) | (3,533,917) | (30,761,685) | - | (1,606,980) | (35,952,098) |
| 처분·폐기 | (57,596) | (127,935) | (35,098) | (193) | (34,208) | (255,030) |
| 손상(환입) | - | (2,255) | (11,815) | - | (12,323) | (26,393) |
| 기타(*2) | 30,200 | 199,490 | (13,148) | (1,077,308) | (15,824) | (876,590) |
| 기말장부금액 | 9,892,167 | 40,706,918 | 79,714,631 | 33,607,564 | 4,124,108 | 168,045,388 |
| - 취득원가 | 10,024,569 | 67,713,808 | 303,000,627 | 33,607,564 | 13,248,490 | 427,595,058 |
| - 감가상각누계액(손상 포함) | (132,402) | (27,006,890) | (223,285,996) | - | (9,124,382) | (259,549,670) |

위 화면은 2022년 삼성전자의 사업보고서 재무제표 주석 중 유형자산 변동 내역이다. 2022년 신규로 투자한 금액은 총 55.2조 원이다. 비록 사업 부문별 투자 규모를 상세히 알 수는 없다.

하지만 반도체 산업에서 삼성전자의 시장점유율과 SK하이닉스의 2022년도 투자 규모를 감안했을 때, 반도체 사업 부문이 차지하는 비중은 절대적이었을 것이다.

## ▷ 쉽지 않은 영업 비용 절감 ◁

삼성전자나 SK하이닉스의 연간 설비투자 규모가 크다는 이야기는 매년 발생하는 고정비 성격의 비용인 감가상각비도 상상을 초월할 정도로 많다는 것을 의미한다.

2022년도 삼성전자와 SK하이닉스의 총 감가상각비는 각각 35.9조

원과 13조 원이다. 그리고 해마다 투자 규모가 증가할수록 감가상각
비 역시 비례해서 증가할 것이다. 또한 매년 연구개발비에 쏟아붓는
돈 역시 어마어마하다.

[연구개발비용]                                                      (단위 : 백만 원, %)

| 과 목 | | 제54기 | 제53기 | 제52기 |
|---|---|---|---|---|
| 연구개발비용 총계 | | 24,929,171 | 22,596,487 | 21,229,200 |
| (정부보조금) | | △9,973 | △1,053 | △8,228 |
| 연구개발비용 계 | | 24,919,198 | 22,595,434 | 21,220,972 |
| 회계 처리 | 개발비 자산화(무형자산) | - | △193,708 | △109,482 |
| | 연구개발비(비용) | 24,919,198 | 22,401,726 | 21,111,490 |
| 연구개발비 / 매출액 비율 [연구개발비용 총계÷당기매출액×100] | | 8.2% | 8.1% | 9.0% |

　　위 화면은 2022년 삼성전자 사업보고서 사업의 내용 중 '주요 계약
및 연구개발활동'에서 찾은 2020년(제52기)－2022년(제54기) 연구개발
비용이다. 매년 연구개발 비용은 증가하고 있으며, 2022년도 연구개
발 비용은 24.9조 원이다. **조선 회사보다 매출액 대비 8배 이상 연구
개발에 많은 투자를 하고 있다.**

　　SK하이닉스도 매년 연구개발 비용이 증가하고 있으며, 2022년도
연구개발 비용은 총 4.5조 원이다. 여기에 매년 증가하는 종업원 급
여까지 감안하면, 삼성전자와 SK하이닉스의 매출과는 상관없이 매년
고정적으로 발생하는 비용감가상각비, 연구개발비, 종업원 급여 등은 계속 증가할
것이다.

(단위 : 백만 원, %)

| 구 분 | 당기 | 전기 |
|---|---|---|
| 제품 및 재공품 등의 변동 | (4,517,560) | (3,234,887) |
| 원재료 등의 사용액 및 상품 매입액 등 | 95,625,437 | 81,792,130 |
| 급여 | 28,207,782 | 25,054,684 |
| 퇴직급여 | 1,360,344 | 1,290,179 |
| 감가상각비 | 31,285,209 | 27,115,735 |
| 무형자산상각비 | 2,962,152 | 3,219,881 |
| 복리후생비 | 5,073,002 | 4,655,347 |
| 유틸리티비 | 4,928,929 | 4,717,553 |
| 외주용역비 | 5,594,602 | 5,409,889 |
| 광고선전비 | 5,376,015 | 4,269,043 |
| 판매촉진비 | 6,286,159 | 5,861,954 |
| 기타비용 | 45,788,872 | 40,661,604 |
| 계(*) | 227,970,943 | 200,813,112 |

(*) 연결손익계산서 상 매출원가와 판매비와관리비를 합한 금액입니다.

위 화면은 2022년(당기) 삼성전자의 사업보고서 재무제표 주석 중 비용의 성격별 분류다. 삼성전자는 종업원 급여 및 복리후생비로 2022년에 33.2조 원을 사용했다. 삼성전자의 전체 비용인 227.9조 원 중 고정비 성격인 감가상각비, 종업원 급여 금액만 70조 원 이상이다.

전체 비용 중 고정비가 차지하는 비중은 SK하이닉스가 삼성전자보다 더 크다.

| | | (단위 : 백만 원, %) |
|---|---|---|
| 구 분 | 당기 | 전기 |
| 제품 및 재공품의 변동 | (5,883,574) | (660,386) |
| 원재료, 저장품 및 소모품 사용 | 11,150,976 | 8,243,214 |
| 종업원급여 | 7,854,478 | 5,311,842 |
| 감가상각비 등 | 14,135,292 | 10,646,887 |
| 지급수수료 | 4,106,607 | 2,521,074 |
| 동력 및 수도광열비 | 2,226,716 | 1,612,864 |
| 수선비 | 1,580,065 | 1,298,083 |
| 외주가공비 | 1,676,125 | 1,035,735 |
| 기타영업비용 | 1,316,343 | 961,171 |
| 대체: 개발비자산화 등 | (350,877) | (383,032) |
| 합 계(*) | 37,812,151 | 30,587,452 |

위 화면은 2022년(당기) SK하이닉스 사업보고서 재무제표 주석 중 비용의 성격별 분류다. 2022년 전체 비용인 37.8조 원 중 고정비 성격의 비용감가상각비, 종업원 급여 등은 대략 58% 수준인 21.9조 원이다.

**이렇게 고정적으로 발생하는 비용이 많은 관계로, 삼성전자나 SK하이닉스의 경우에는 반도체 경기가 나빠지더라도 비용을 줄이는 일이 쉽지 않은 것이다.**

(단위 : 백만 원)

| | 제 76 기 1분기 | | 제 75 기 1분기 | |
|---|---|---|---|---|
| | 3개월 | 누적 | 3개월 | 누적 |
| 매출액 | 5,088,111 | 5,088,111 | 12,155,653 | 12,155,653 |
| 매출원가 | 6,733,410 | 6,733,410 | 6,754,457 | 6,754,457 |
| 매출총이익(손실) | (1,645,299) | (1,645,299) | 5,401,196 | 5,401,196 |
| 판매비와관리비 | 1,757,003 | 1,757,003 | 2,537,299 | 2,537,299 |
| 영업이익(손실) | (3,402,302) | (3,402,302) | 2,863,897 | 2,863,897 |

위 화면은 SK하이닉스의 2022년–2023년 1분기 손익계산서 일부분이다. 2023년 1분기 매출은 반도체 가격 급락으로 전년도 12.1조 원에서 5조 원으로 7조 원 이상 크게 감소했다.

그러나 제품 생산과 직접적으로 관련이 있는 비용인 매출원가는 감소가 거의 없었다. 실제로 지난 10년간 SK하이닉스의 매출원가는 반도체 경기와는 무관하게 지속적으로 증가했고, 크게 감소한 해가 한 번도 없었다.

따라서 삼성전자나 SK하이닉스의 경우에 고정비 비중이 큰 관계로, 많은 이익을 내기 위해서는 매출이 크게 증가해야 한다. 무엇보다 매출이 증가하기 위해서는 반도체 판매량보다는 반도체 가격이 올라야 한다.

그 이유는 이어서 설명하는 반도체 업종 특성에서 추가로 파악할 수 있다.

## ▷ 생산설비 가동률을 쉽게 조절하지 못하는 이유 ◁

(단위 : 시간, %)

| 사업부문 | 가동가능시간 | 실제가동시간 | 평균가동률 |
|---|---|---|---|
| 반도체 | 223,581,480 | 223,581,480 | 100% |

❋ 가동률은 각 지역별 FAB별 가동인원 및 수율을 고려하여 계산함

위 화면은 SK하이닉스의 2022년 사업보고서 사업의 내용 중 '원재료 및 생산설비'에서 찾은 생산설비 가동률이다. 반도체 가격 급락으로 제품 매출이 크게 감소했음에도 불구하고 생산설비 가동률은 100%다. 반도체 경기가 워낙 최악인 상황에 빠진 관계로, 2022년 하반기 이후 삼성전자나 SK하이닉스는 생산 가동률을 일부 조절하고 있는 것으로 알려지고 있다.

하지만 사업보고서상으로는 지난 10년간 SK하이닉스의 생산설비 가동률이 100%가 아닌 적이 없었다.

삼성전자 역시 사업보고서상으로는 반도체 사업 부문의 지난 10년간 생산설비 가동률은 100%다. 이는 **반도체 회사의 매출이 수요의 큰 폭 감소가 아닌, 반도체 가격의 영향을 직접적으로 받고 있다는 사실을 설명해준다.** 실제로 매년 반도체에 대한 수요는 꾸준히 증가하고 있다.

다만 2022년 이후 반도체 경기의 둔화로 재고가 쌓이고 있는 상황이지만, 설비투자 증가에 따라 매년 증가하는 공장 실제 가동 시간과 가동률을 감안했을 경우에 반도체 제품 판매량 감소는 크지 않았던

것으로 판단된다.

삼성전자나 SK하이닉스가 반도체 경기 급락에도 불구하고 생산설비 가동률을 쉽게 조절하지 못하는 이유는 크게 4가지다.

① 웨이퍼를 투입해서 최종 반도체를 생산리드타임, Lead Time하는 데 3개월 이상의 시간이 소요된다. 예를 들어 반도체 경기 둔화를 이유로 반도체 생산 기업이 생산설비 가동률을 큰 폭으로 줄였다고 가정해보자. 그 이후 반도체 경기가 갑자기 좋아지더라도 리드타임이 긴 관계로, 반도체 수요 증가에 제대로 대응하지 못할 것이다. 즉 반도체 생산량을 임의적으로 줄인다면, 반도체 경기 회복 시 경쟁 업체보다 이익을 적게 내는 문제점이 생긴다.

② 삼성전자나 SK하이닉스는 연간 단위로 반도체 장비 및 소재를 구매하고 있다. 반도체 경기 둔화를 이유로 장비 및 소재 구매를 줄인다면, 차후 반도체 경기 활황으로 생산 물량을 다시 늘리려면 1년이란 시간이 필요하다. 따라서 공장 가동률을 줄이는 일이 쉽지 않다.

③ 전체 영업 비용 중 고정비감가상각비, 인건비 등 비중이 워낙 높은 관계로, 반도체 생산 물량을 줄이더라도 비용 절감 효과가 크지 않다.

④ 삼성전자와 SK하이닉스는 경험상 반도체 불황기에 생산설비 가동률을 낮추어 비용을 줄이는 것보다 재고가 쌓이더라도 높은 가동률을 유지하는 것이 더 유리하다고 판단하기 때문이다. 즉 불황기에 발생하는 손실보다는 호황기에 벌어들이는 이익이 훨씬 크기 때문에, 손실을 감수하면서도 높은 가동률을 유지하는 것이다.

반도체 회사가 생산설비 가동률을 쉽게 조절하지 못한다는 사실은, 결과적으로 회사의 전체 비용을 쉽게 줄이지 못한다는 것을 의미한다. 이미 100%인 생산설비 가동률로 인해 추가적인 반도체 생산 및 판매 자체가 어려운 관계로, 결국 반도체 가격이 상승해야 기업의 매출과 이익이 증가하게 된다.

## ▷ 반도체 회사의 매출채권에 대한 대손충당금은 얼마나 될까? ◁

(단위 : 백만 원)

| 구 분 | 당기말 | | | 전기말 | | |
|---|---|---|---|---|---|---|
| | 채권액 | 대손충당금 | 장부금액 | 채권액 | 대손충당금 | 장부금액 |
| 매출채권 | 5,187,164 | (1,110) | 5,186,054 | 8,268,072 | (961) | 8,267,111 |
| 유동성 기타수취채권 | 273,825 | (1,313) | 272,512 | 172,739 | (1,275) | 171,464 |
| 비유동성 기타수취채권 | 355,228 | (1,061) | 354,167 | 340,647 | (1,130) | 339,517 |
| 합 계 | 5,816,217 | (3,484) | 5,812,733 | 8,781,458 | (3,366) | 8,778,092 |

위 화면은 SK하이닉스의 2022년(당기 말) 사업보고서 재무제표 주석에서 확인한 매출채권에 대한 대손충당금 규모다. 전체 매출채권 5.1조 원에 대해서 회사가 설정한 대손충당금 규모는 겨우 11억 원이다. 전기 말(2021년도 말) 매출채권 8.2조 원에 대한 대손충당금은 9억 원이다.

이는 회사의 영업B2B을 이해하면 쉽게 설명이 된다. SK하이닉스의 주요 고객은 애플, 아마존 등 글로벌 회사들이다. 이런 글로벌 회사들이 SK하이닉스의 외상대금을 갚지 않는 일은 발생하지 않을 것이다.

그렇다면 삼성전자의 매출채권에 대한 대손충당금 규모는 얼마나 될까?

(단위 : 백만 원)

| 구 분 | 당기말 | | 전기말 | |
|---|---|---|---|---|
| | 매출채권 | 미수금 | 매출채권 | 미수금 |
| 채권액 | 36,238,032 | 7,051,536 | 41,250,034 | 5,572,176 |
| 차감: 손실충당금 | (312,221) | (78,101) | (310,880) | (72,805) |
| 소 계 | 35,925,811 | 6,973,435 | 40,939,154 | 5,499,371 |
| 차감: 장기 채권 | (204,248) | (824,226) | (225,739) | (1,002,114) |
| 유동항목 | 35,721,563 | 6,149,209 | 40,713,415 | 4,497,257 |

위 화면은 삼성전자의 2022년(당기 말) 매출채권에 대한 대손충당금 규모다. 사업보고서 재무제표 주석에서 확인했다. SK하이닉스와는 다르게 전체 매출채권 36.2조 원에 대해서 대손충당금을 3,122억 원 설정했다. 이는 회사가 판매하는 제품 차이에서 발생한다.

SK하이닉스는 글로벌 고객들에게 반도체만 생산해서 판매하지만, 삼성전자는 반도체보다 가전 제품이나 휴대폰을 더 많이 판매하고 있다. 매출채권에 대한 대손충당금은 반도체가 아닌 제품의 판매에서 대부분 발생한 것이다.

## ▷ 반도체 장비 회사, 생각보다 적은 생산설비 ◁

반도체 장비 회사의 가장 큰 특징은 전체 유형자산 중 토지와 건물
이 차지하는 비중이 가장 크고, 생산설비기계장치의 비중은 생각보다 적
다는 사실이다.

(단위 : 천 원)

| 구분 | 기초 | 취득 | 처분 | 대체 | 상각 | 기타<br>(환율변동) | 기말 |
|---|---|---|---|---|---|---|---|
| 토지 | 87,402,119 | 246,633 | (4,566,417) | - | - | - | 83,082,335 |
| 건물 | 119,320,106 | 23,851,314 | (4,643,138) | 21,801,343 | (4,753,297) | - | 155,576,328 |
| 구축물 | 7,161,565 | 7,145,515 | - | 3,013,698 | (427,723) | - | 16,893,055 |
| 시설장치 | 1,106,599 | 4,132,027 | (1,320) | 54,906 | (814,644) | - | 4,477,568 |
| 기계장치 | 11,022,405 | 6,501,331 | (81) | 448,261 | (3,992,460) | (100) | 13,979,356 |
| 기계장치정부보조금 | (33,897) | - | - | - | 10,994 | - | (22,903) |
| 차량운반구 | 113,744 | 213,280 | - | - | (71,958) | - | 255,066 |
| 차량운반구정부보조금 | (3,533) | - | - | - | 800 | - | (2,733) |
| 공구와기구 | 3,190 | 609,402 | - | - | (70,682) | - | 541,910 |
| 집기비품 | 3,152,810 | 3,658,909 | (13,703) | 114,783 | (1,991,868) | 399 | 4,921,330 |
| 연구개발설비 | 46,475,716 | 5,610,499 | (504,307) | 29,534,611 | (21,776,896) | - | 59,339,623 |
| 연구개발설비정부보조금 | (1,977,563) | - | - | (5,480,004) | 1,503,862 | - | (5,953,705) |
| 건설중인자산 | 65,666,270 | 25,187,009 | - | (54,967,601) | - | - | 35,885,678 |
| 건설중인자산정부보조금(주1) | (5,787,034) | (1,214,016) | - | 5,595,569 | - | - | (1,405,481) |
| 합계 | 333,622,497 | 75,941,903 | (9,728,966) | 115,566 | (32,383,872) | 299 | 367,567,427 |

위 화면은 국내 대표 반도체 장비 회사 중 하나인 원익IPS의 2022년
사업보고서 재무제표 주석에서 확인한 유형자산 변동 내역이다. 전체
유형자산 3,675억 원 중 토지와 건물이 2,386억 원이며, 기계장치는
139억 원에 불과하다.

48

## ▷ 비중이 높은 연구개발 관련 장비 ◁

또 한 가지 특이한 사항은 연구개발 설비가 593억 원으로, 전체 유형자산에서 차지하는 비중이 높다는 사실이다. 그 결과 회사 전체 감가상각비에서 연구 중인 반도체 장비설비에서 발생하는 감가상각비 비중이 67%323억 원 중 217억 원나 된다.

(단위 : 천 원)

| 과 목 | | 제7기 | 제6기 | 제5기 |
|---|---|---|---|---|
| 원 재 료 비 | | 24,433,228 | 24,579,303 | 22,911,181 |
| 인 건 비 | | 63,408,246 | 62,770,470 | 57,890,939 |
| 감 가 상 각 비 | | 25,041,741 | 24,088,843 | 25,344,644 |
| 위 탁 용 역 비 | | 6,852,863 | 4,921,072 | 7,237,743 |
| 기 타 | | 32,679,202 | 29,819,669 | 26,927,275 |
| 연구개발비용 계 | | 152,415,280 | 146,179,356 | 140,311,782 |
| 회계 처리 | 판매비와 관리비 | 152,415,280 | 146,179,356 | 140,310,646 |
| | 제조경비 | - | - | - |
| | 개발비(무형자산) | - | - | 1,135 |
| 연구개발비 / 매출액 비율 [연구개발비용계÷당기매출액×100] | | 15.07% | 11.86% | 12.86% |

위 화면은 원익IPS의 2022년 사업보고서에서 찾은 연구개발 비용이다. 2022년(제7기) 1,524억 원으로 매출액의 15%가 넘는 규모다. 전체 연구개발비 중 인건비가 가장 많고, 그다음으로 연구개발용 설비에서 발생하는 감가상각비가 많다.

현재 원익IPS를 포함한 많은 반도체 장비 회사들은 고객의 다양한 사양의 반도체 장비 요구와 반도체 장비 국산화를 목표로 많은 연구 개발을 수행하고 있다. 특히 유진테크는 연구개발활동에 아주 많은 투자를 하고 있다.

(단위 : 백만 원)

| 과 목 | | 제23기<br>('22.1.1~12.31) | 제22기<br>('21.1.1~12.31) | 제21기<br>('20.1.1~12.31) |
|---|---|---|---|---|
| 원 재 료 비 | | 22,397 | 22,999 | 22,409 |
| 인 건 비 | | 26,925 | 21,412 | 21,782 |
| 감 가 상 각 비 | | 10,825 | 8,406 | 6,694 |
| 기 타 | | 19,860 | 16,699 | 15,732 |
| 연구개발비용 계 (*) | | 80,006 | 69,515 | 66,617 |
| (정부보조금) | | (-)1,223 | (-)1,503 | (-)2,857 |
| 회계처리 | 판매비와 관리비 | 73,743 | 59,959 | 55,497 |
| | 제조경비 | - | - | - |
| | 개발비(무형자산) | 6,263 | 9,556 | 11,119 |
| 연구개발비 / 매출액 비율<br>[연구개발비용계÷당기매출액×100] | | 25.8% | 21.4% | 32.9% |

위 화면은 유진테크의 2022년 사업보고서에서 확인한 연구개발활동이다. 매출액 대비 연구개발비 비중이 무려 20~30%대임을 확인할 수 있다.

유진테크는 현재 신규 반도체 장비를 고객에게 지속적으로 납품하는 과정에 있다. 따라서 관련 신규 반도체 장비에 대한 연구개발활동도 대규모로 진행하고 있다.

## ▷ 높은 원재료 ◁

(단위 : 천 원)

| 구분 | 당기 | 전기 |
|---|---|---|
| 완제품 및 재공품의 변동 | 61,102,249 | 69,324,266 |
| 원재료 및 소모품의 사용 | 476,086,488 | 624,415,351 |
| 종업원급여 | 157,656,899 | 146,002,224 |
| 감가상각 및 상각비용 | 40,683,204 | 37,900,303 |
| 광고 및 판매촉진비 | 402,628 | 308,702 |
| 물류비용 | 2,988,230 | 3,263,228 |
| 지급수수료 | 45,085,736 | 35,630,225 |
| 품질보증비용 | 18,832,219 | 28,926,205 |
| 외주용역비 | 39,602,307 | 55,090,447 |
| 소모품비 | 13,889,230 | 13,900,642 |
| 수도광열비 | 10,027,200 | 7,706,823 |
| 기타비용 | 47,573,715 | 45,704,794 |
| 합계 | 913,930,105 | 1,068,173,210 |

위 화면은 원익IPS의 2022년(당기) 사업보고서 재무제표 주석에서 확인한 전체 비용의 성격별 분류다. 전체 비용 9,139억 원 중 절반 이상인 5,371억 원이 원재료 비용이다.

여기에서의 원재료 비용은 반도체 장비 부품, 외관프레임 등의 매입 비용을 의미한다.

원익IPS의 재무제표 특징으로, 우리는 다음과 같은 내용을 파악해 낼 수 있다. 즉 **반도체 장비 회사들은 주요 부품 및 장비 외관**프레임 **등은 주로 외주제작**원재료 매입**을 하고 있으며, 부품조립과 주요 소프트웨어만 회사 공장에서 장착한다는 사실이다.**

이는 반도체 장비 회사 영업활동의 주요 특징 중 하나다. 실제로 테스, 유진테크, 테크윙 등 국내 주요 반도체 장비 회사들 대부분은 반도체 장비의 상당 부분을 외주제작으로 생산하고 있다. 그런 관계로 회사별로 약간의 비중 차이는 있으나 대부분의 반도체 장비 회사들은 유형자산 중 토지 및 건물의 비중은 높고, 생산설비기계장치의 비중은 낮다. 그리고 전체 비용 중 원재료 매입 비중이 가장 크다.

이렇게 반도체 장비 회사들이 주요 부품 및 장비 외관 등을 외주제작하는 이유는 바로, 오랜 영업활동을 통해서 현재의 장비 생산 방식이 가장 효율적이라고 판단했기 때문이다.

예를 들어 비용 절감을 목표로 생산라인 내재화생산설비투자를 확대했다고 하자. 하지만 반도체 회사가 경기 둔화를 이유로 기존 반도체 장비공급 계약을 연기하거나 신규 반도체 장비 주문을 줄이는 경우에는 반도체 장비 회사들은 고정비생산설비투자에 따른 감가상각비 및 인건비 증가, 현금흐름 악화 부담으로 수익성이 나빠질 수 있다.

자체 생산 비중 확대로 비용을 절감하려다 오히려 고정비 부담이 확대되는 상황이 언제든지 발생할 수 있기 때문에, 반도체 경기가 나빠지더라도 최대한 이익을 방어하기 위해서 외주제작 비중을 높여 온 것이다.

또한 고객삼성전자, SK하이닉스, 마이크론 테크놀로지의 요청이나 반도체 장비 국산화를 목표로 꾸준한 연구개발활동을 진행하여, 반도체 장비 생산을 위한 기계장치보다 연구 목적의 기계장치를 더 많이 보유하고 있다. 따라서 **전체 감가상각비 중 연구개발 설비에서 발생하는 감가상각비**

가 가장 많은 특징이 있다.

반도체 장비 회사가 주요 부품과 외관제작을 주로 외주제작하는 또
다른 이유가 있다. 고객이 반도체 생산 계획에 따라 다양하게 반도체
장비를 요구<sub>반도체 장비의 종류와 수량</sub>하는 관계로, 적정 규모의 생산설비와
생산인력을 보유하는 일이 불가능하기 때문이다.

## ▷ 상대적으로 많은 품질보증 충당부채 ◁

(단위 : 천 원)

| 구분 | 당기 | 전기 |
|------|------|------|
| 기초 | 21,567,536 | 37,149,878 |
| 증가 | 17,349,591 | 37,637,938 |
| 사용 | (13,336,673) | (41,310,260) |
| 환입 | (8,795,075) | (12,527,036) |
| 기타(주1) | 3,523,341 | 617,016 |
| 기말 | 20,308,720 | 21,567,536 |

위 화면은 원익IPS의 2022년(당기) 사업보고서 재무제표 주석에서
찾은 품질보증 충당부채 변동 내역이다. 2021년(전기)과 2022년(당
기) 각각 신규로 설정한 충당부채는 376억 원과 173억 원이다. 실제
로 해당 연도에 사용한 품질보증충당금은 각각 413억 원과 133억 원
이다.

대부분의 반도체 장비 회사들 역시 매출액 대비 적지 않은 품질보증
충당부채를 설정하고 있다. 이는 다른 의미로 해석하면 생산해서 납

품하고 있는 반도체 장비의 품질이 안정될수록, 충당부채 감소로 회사의 이익이 추가로 증가할 가능성이 높다고 말할 수 있다.

## ▷ 매출채권보다 많은 계약자산 ◁

(단위 : 원)

| | 제 7 기 | 제 6 기 | 제 5 기 |
|---|---|---|---|
| 자산 | | | |
| 유동자산 | 596,025,062,092 | 674,847,713,442 | 656,887,279,237 |
| 현금및현금성자산 | 98,372,651,160 | 37,675,321,602 | 135,099,998,502 |
| 매출채권및기타유동채권 | 67,064,982,482 | 72,402,771,662 | 54,364,056,797 |
| 유동계약자산 | 35,977,226,166 | 48,331,866,926 | 28,375,071,513 |
| 비유동자산 | 525,645,476,569 | 492,737,877,973 | 442,754,183,744 |
| 비유동계약자산 | 44,901,224,231 | 49,165,277,781 | 50,393,190,182 |

위 화면은 원익IPS의 2022년(제7기) 사업보고서 재무상태표에 있는 계약자산의 규모다. 유동계약자산과 비유동계약자산을 합산하면 전체 계약자산 금액이 매출채권 금액보다 많다.

원익IPS가 계약자산을 보유하고 있다는 사실은 반도체 장비제작 진행률에 따라 매출을 인식하고 있다는 사실을 의미한다. 즉 장비제작 기간이 단기간이 아닌 장기간 진행되고 있음을 의미한다.

|  | 제 6 기 | 제 5 기 | 제 4 기 |
|---|---|---|---|
| 자산 |  |  |  |
| 유동자산 | 352,610,756,590 | 321,746,875,357 | 297,679,428,547 |
| 현금및현금성자산 (주4,27) | 16,056,659,186 | 45,611,235,041 | 23,224,665,687 |
| 금융기관예치금 (주4,27) | 169,652,500,000 | 116,500,000,000 | 139,725,000,000 |
| 매출채권 (주5,27,30) | 42,177,002,553 | 45,572,341,280 | 19,015,789,610 |
| 계약자산 (주6,27) | 52,018,768,411 | 51,361,871,684 | 56,735,288,075 |

위 화면은 또 다른 반도체 장비 생산 회사인 케이씨텍의 2022년(제6
기) 사업보고서 재무상태표에서 확인한 계약자산 금액이다. 케이씨텍
역시 반도체 장비제작 기간이 길다는 사실을 알 수 있다.

## ▷ 반도체 소재 회사, 높은 생산설비 ◁

| 구 분 | 토지 | 건 물 | 구축물 | 기계장치 | 차량운반구 | 공구와기구 | 집기비품 | 건설중인자산 | 합 계 |
|---|---|---|---|---|---|---|---|---|---|
| 기초 순장부금액 | 52,487,609 | 92,145,457 | 12,237,682 | 97,659,861 | 612,822 | 23,332,259 | 20,214,723 | 61,218,970 | 359,909,383 |
| 취득 | - | - | - | 647,947 | - | - | 297,180 | 100,145,647 | 101,090,774 |
| 국고보조금 취득 | - | - | - | - | (123,950) | (344,156) | - | - | (468,106) |
| 손상 | - | - | - | (1,449,581) | - | - | - | - | (1,449,581) |
| 처분 | - | - | - | (63,345) | (37,227) | (215,044) | (1) | - | (315,617) |
| 폐기 등 | - | - | - | (361,278) | - | (63,901) | (7) | - | (425,186) |
| 대체 | 121,793 | 13,724,399 | 1,124,106 | 41,311,953 | 791,145 | 5,250,345 | 2,031,291 | (64,913,424) | (558,392) |
| 감가상각비 | - | (5,440,727) | (585,911) | (30,837,897) | (291,973) | (6,166,616) | (4,996,889) | - | (48,320,013) |
| 표시통화환산이익 등 | - | (368,930) | (109,503) | (317,603) | (2,607) | 1,661 | (598) | (41,000) | (838,579) |
| 기말 순장부금액 | 52,609,402 | 100,060,199 | 12,666,374 | 106,590,057 | 948,210 | 21,794,548 | 17,545,699 | 96,410,193 | 408,624,682 |
| 당기말 |  |  |  |  |  |  |  |  |  |
| 취득원가 | 52,609,402 | 151,140,644 | 16,770,897 | 381,223,168 | 6,075,621 | 82,316,894 | 56,698,139 | 96,410,193 | 843,244,958 |
| 감가상각누계액 | - | (50,768,177) | (3,997,211) | (273,173,157) | (4,975,457) | (56,762,614) | (39,149,938) | - | (428,826,553) |
| 손상차손누계액 | - | (312,268) | - | (1,449,581) | - | - | (1,100) | - | (1,762,949) |
| 국고보조금 | - | - | (107,312) | (10,373) | (151,954) | (3,759,732) | (1,402) | - | (4,030,774) |
| 순장부금액 | 52,609,402 | 100,060,199 | 12,666,374 | 106,590,057 | 948,210 | 21,794,548 | 17,545,699 | 96,410,193 | 408,624,682 |

앞 화면은 솔브레인의 2022년 사업보고서 재무제표 주석에서 확인한 유형자산 변동 내역이다. 전체 유형자산 4,086억 원 중 $\frac{1}{4}$에 해당하는 1,065억 원이 기계장치다. 따라서 회사의 전체 감가상각비 중 기계장치에서 발생하는 감가상각비 비중이 가장 높다.

이렇게 반도체 소재 회사의 전체 유형자산 중 생산설비기계장치의 비중이 높은 이유는 쉽게 이해할 수 있는 부분이다. 반도체 장비 회사와는 다르게 주요 생산 제품인 반도체 소재는 외주제작할 수 있는 성격의 제품이 아니기 때문이다. 또한 반도체 소재 생산을 위한 작업 공간인 토지와 건물 역시 비중이 높다는 사실을 알 수 있다.

반도체 장비 회사보다 생산설비기계장치를 더 많이 가지고 있는 관계로, 일반적으로 **반도체 소재 회사의 매출액 대비 유형자산 비중은 반도체 장비 회사보다 상대적으로 높은 편이다.**

## ▷ 높은 원재료 ◁

(단위 : 천 원)

| 구 분 | 당 기 | 전 기 |
|---|---|---|
| 재고자산의 변동 | (1,187,619) | (14,608,170) |
| 원재료 및 소모품사용, 상품의 매입 | 605,639,535 | 595,366,151 |
| 종업원급여 | 128,898,600 | 106,362,589 |
| 감가상각비 및 무형자산상각비 | 52,640,774 | 48,585,696 |
| 지급수수료 | 12,347,550 | 17,155,333 |
| 기타비용 | 85,477,939 | 82,211,153 |
| 매출원가 및 판매비와관리비 합계 | 883,816,779 | 835,072,752 |

옆 화면은 솔브레인의 2022년(당기) 사업보고서 재무제표 주석에서 확인한 비용의 성격별 분류다. 전체 영업 비용 중 70% 정도가 원재료 매입 비용이다. 이 역시 원재료 비중이 높은 석유화학 업체와 비교하면 쉽게 이해할 수 있는 부분이다.

반도체 소재 회사의 비용 분석을 통해서 우리는 **반도체 소재 회사의 이익은 석유화학 업체와 마찬가지로, 제품 판매단가와 원재료 매입단가의 차이**스프레드**에 의해서 주로 결정된다는 사실을 알 수 있다.**

대상 기간 : 2022년 1월 1일 ~ 2022년 12월 31일

(단위 : 백만 원, %)

| 사업부문 | 매출유형 | 품목 | 구체적 용도 | 주요상표등 | 매출액 (비율) |
|---|---|---|---|---|---|
| 반도체 소재 | 제품 / 상품매출 | HF, B.O.E, CMP Slurry, Precursor 등 | 반도체 제조 공정상 사용되는 공정용 화학 소재 / 장치 등 | CMP slurry 외 | 735,806 (67%) |
| 디스플레이 소재 | 제품 / 상품매출 | Etchant, Thin Glass, 유기재료 등 | 디스플레이 제조 공정용 화학 소재 및 Thin Glass 등의 모바일 관련 제품 | Etchant 외 | 128,056 (12%) |
| 2차전지 소재 등 | 제품 / 상품매출 | 2차전지 전해액, ND자석 등 | 2차전지 제조 공정용 화학 소재 및 기타 매출 | Electrolytes 외 | 227,005 (21%) |
| 합계 | | | - | | 1,090,867 (100%) |

□ 연결포괄손익계산서 기준입니다.

**나. 주요 제품 등의 가격변동추이**
반도체 소재의 판매가격은 전년(제2기) 대비 약 27% 상승하였고 견견년(제1기) 대비 약 27% 상승하였습니다. 디스플레이 소재의 판매가격은 전년(제2기) 대비 약 9% 상승하였고 견견년(제1기) 대비 약 8% 상승하였습니다. 또한 2차전지 소재의 판매가격은 전년(제2기) 대비 약 19% 상승하였고 견견년(제1기) 대비 약 56% 상승하였습니다.

(단위 : 백만 원, %)

| 사업부문 | 매입유형 | 품목 | 매입액 | 비율 | 비고 |
|---|---|---|---|---|---|
| 반도체 소재 | 원재료/상품 | H3PO4 외 | 280,447 | 47.0% | 솔브레인라사 외 |
| 디스플레이 소재 | 원재료/상품 | 유기재료 외 | 152,345 | 25.5% | 엠씨솔루션 외 |
| 2차전지 소재 | 원재료/상품 | 전해액원재료 외 | 150,110 | 25.2% | DFD 외 |

□ 비율은 각 부문별 원재료 매입액에서 품목이 차지하는 비율입니다.

**나. 주요 원재료 등의 가격변동추이**
반도체 소재의 원재료가격은 전년(제2기) 대비 약 25% 상승하였고 견견년(제1기) 대비 약 27% 상승하였습니다. 디스플레이 소재의 원재료가격은 전년(제2기) 대비 약 86% 상승하였고 견견년(제1기) 대비 약 71% 상승하였습니다. 또한 2차전지 소재의 원재료가격은 전년(제2기) 대비 약 19% 상승하였고 견견년(제1기) 대비 약 66% 상승하였습니다.

앞 화면은 솔브레인의 2022년 사업보고서에서 확인한 주요 제품과 원재료의 가격 변동 추이다. 솔브레인에 투자하려는 투자자는 주요 제품 가격과 원재료 가격 변동 추이를 잘 살펴봐야 할 것이다.

## ▷ 낮은 연구개발비 ◁

(단위 : 백만 원)

| 과목 | | 제3기 | 제2기 | 제1기 |
|---|---|---|---|---|
| 원재료비 | | - | - | - |
| 인건비 | | 10,446 | 7,370 | 4,101 |
| 감가상각비 | | 4,785 | 4,707 | 2,331 |
| 위탁용역비 | | - | - | - |
| 기타 | | 10,232 | 9,318 | 5,279 |
| 연구개발비 계 | | 25,463 | 21,395 | 11,710 |
| (정부보조금) | | (1,512) | 790 | 837 |
| 회계처리 | 판매비와 관리비 | 23,952 | 20,605 | 10,873 |
| | 제조경비 | - | - | - |
| | 개발비(무형자산) | - | - | - |
| 연구개발비 / 매출액 비율 [연구개발비용계÷당기매출액×100] | | 2.43% | 2.18% | 2.58% |

위 화면은 솔브레인의 2022년 사업보고서에 있는 연구개발 비용이다. 반도체 장비 회사와는 다르게 매출액 대비 연구개발비 비중은 2% 내외다. **반도체 생산에 필요한 소재를 대량 생산해서 납품하는 관계로, 반도체 장비 회사에 비해 연구개발 비용이 낮은 것이다.**

이는 이엔에프테크놀로지 등 다른 반도체 소재 회사도 동일하게 가지고 있는 재무제표 특징이다.

## ▷ 반도체 부품 회사, 많은 생산설비 ◁

(단위 : 천 원)

| 구 분 | 기초 | 취득 | 처분 | 감가상각 | 대체 | 기말 |
|---|---|---|---|---|---|---|
| 토지 | 26,317,180 | - | - | - | - | 26,317,180 |
| 건물 | 33,336,036 | 44,618 | - | (946,350) | - | 32,434,304 |
| 기계장치 | 61,520,533 | 10,001,200 | (281,581) | (12,089,411) | - | 59,150,741 |
| 연구개발시설 | 130,981 | 255,000 | (1) | (86,001) | - | 299,979 |
| 차량운반구 | 158,718 | 103,107 | (2) | (40,911) | - | 220,913 |
| 공구와기구 | 515,452 | 159,011 | - | (183,717) | - | 490,746 |
| 시설장치 | 901,343 | - | - | (177,343) | - | 724,000 |
| 비품 | 1,136,954 | 257,574 | (13) | (356,080) | - | 1,038,435 |
| 건설중인자산 | 119,085 | 7,590,282 | (161,285) | - | - | 7,548,082 |
| 사용권자산 | 246,099 | 107,179 | - | (122,804) | - | 230,474 |
| 합계 | 124,382,381 | 18,517,971 | (442,882) | (14,002,617) | - | 128,454,854 |

위 화면은 국내 대표 반도체 부품 회사인 리노공업의 2022년 사업 보고서 재무제표 주석에서 확인한 유형자산 변동 내역이다. 전체 유형자산 1,284억 원 중 절반 가까이에 해당하는 591억 원이 생산설비기계장치다.

외주제작을 할 수 없는 반도체 부품을 자체 생산하는 관계로, 전체 유형자산 중 기계장치 비중이 높다. 심텍 등 다른 반도체 부품 회사도 비슷한 비중의 기계장치를 보유하고 있다.

반도체 장비 회사와는 반대로 전체 유형자산 중 연구개발 시설은 극히 일부다. 반도체 소재 회사와 마찬가지로 반도체 부품을 집중적으로 대량 생산하는 관계로, 연구개발에 큰 비용이 필요하지 않다.

| 과 목 | 제 27 기 | 제 26 기 | 제 25 기 | 비 고 |
|---|---|---|---|---|
| 원 재 료 비 | 336,512,891 | 583,913,794 | 570,426,840 | - |
| 인 건 비 | 7,957,488,929 | 5,973,780,454 | 4,071,177,548 | - |
| 감 가 상 각 비 | 295,647,990 | 298,079,797 | 278,990,931 | - |
| 위 탁 용 역 비 | 1,216,296,795 | 1,206,378,528 | 1,108,848,668 | - |
| 기 타 | 581,976,043 | 688,938,653 | 273,866,676 | - |
| 연구개발비용 계 | 10,387,922,648 | 8,751,091,226 | 6,303,310,663 | - |
| (정부 보조금) | - | - | - | - |
| 연구개발비 / 매출액 비율 [연구개발비용계÷당기매출액×100] | 3.22% | 3.12% | 3.13% | - |

위 화면은 리노공업의 2022년(제27기) 사업보고서에 있는 연구개발 비용 내역이다. 매출액 대비 연구개발비 비중은 3% 수준이다. 심텍은 매출액 대비 연구개발비 비중이 1% 내외다.

## ▷ 반도체 회사와 비슷한 수준의 원재료 비중 ◁

| 구분 | 당기 | 전기 |
|---|---|---|
| 제품의 변동 | (339,815) | 1,128,782 |
| 원재료의 사용액 | 57,464,780 | 55,660,704 |
| 상품의 판매 | 1,376,196 | 1,225,588 |
| 종업원급여 | 77,356,070 | 60,227,190 |
| 감가상각비, 무형자산상각비 및 손상차손 | 14,049,426 | 12,335,109 |
| 경상개발비 | 10,387,923 | 8,751,091 |
| 지급수수료 | 1,902,512 | 1,769,902 |
| 지급임차료 | 29,043 | 35,104 |
| 기타 | 23,561,938 | 21,929,010 |
| 매출원가 및 영업비용의 합계 | 185,788,073 | 163,062,480 |

옆 화면은 리노공업의 2022년(당기) 사업보고서 재무제표 주석에 있는 비용의 성격별 분류다. 전체 영업 비용 중 원재료 비중은 30% 수준이다. 이는 다른 반도체 부품 회사인 심텍도 비슷한 수준이다.

한 가지 특이한 점은 전체 비용 중 고정비인 종업원 급여가 가장 많다는 사실이다. 제조업에 속하는 기업 중 전체 영업 비용에서 인건비 비중이 가장 높은 회사가 바로 리노공업이 아닐까 생각된다.

리노공업의 인건비 비중이 상대적으로 높은 이유를, 우리는 다음 화면에서 확인할 수 있다.

(단위 : 원)

| 사업부문 | 성별 | 직원 | | | | | | | | 소속 외 근로자 | | | 비고 |
|---|---|---|---|---|---|---|---|---|---|---|---|---|---|
| | | 직원 수 | | | | 합 계 | 평 균 근속연수 | 연간급여 총 액 | 1인평균 급여액 | 남 | 여 | 계 | |
| | | 기간의 정함이 없는 근로자 | | 기간제 근로자 | | | | | | | | | |
| | | 전체 | (단시간 근로자) | 전체 | (단시간 근로자) | | | | | | | | |
| 관리/제조 | 남 | 265 | - | 14 | - | 279 | 8년 7개월 | 38,513,317,766 | 138,040,565 | | | | - |
| 관리/제조 | 여 | 357 | - | 6 | - | 363 | 7년 | 33,640,417,260 | 92,673,326 | 5 | 6 | 11 | - |
| 합 계 | | 622 | - | 20 | - | 642 | 7년 8개월 | 72,153,735,026 | 112,388,995 | | | | - |

위 화면은 리노공업의 2022년 사업보고서에 있는 직원의 보수에 관한 내용이다. 중소기업임에도 대기업을 넘어서는 놀라운 수준의 1인당 급여다.

리노공업이 생산하는 제품이 타 기업에 비해 특별한 기술이나 경험을 요구하는 것은 아니라고 판단된다. 따라서 1인당 급여액이 높다는 사실은 CEO의 경영 마인드를 간접적으로 보여주는 부분이라고 생각한다.


## ▷ 직원은 받는 월급만큼만 일한다 ◁

(기준일 :    2022년 12월 31일    )                                             (단위 : 천 원)

| 사업부문 | 성별 | 직원 수 | | | | | 평균 근속연수 | 연간급여 총 액 | 1인평균 급여액 | 소속 외 근로자 | | | 비고 |
| | | 기간의 정함이 없는 근로자 | | 기간제 근로자 | | 합계 | | | | 남 | 여 | 계 | |
| | | 전체 | (단시간 근로자) | 전체 | (단시간 근로자) | | | | | | | | |
| 본사 | 남 | 8 | 0 | 0 | 0 | 8 | 6.3 | 306,086 | 25,507 | | | | - |
| 본사 | 여 | 14 | 0 | 1 | 1 | 15 | 6.3 | 359,674 | 29,973 | 0 | 0 | 0 | - |
| 합계 | | 22 | 0 | 1 | 1 | 23 | 6.3 | 665,760 | 55,480 | | | | - |

위 화면은 어느 상장기업의 2022년 직원 급여 현황이다. 1인 평균 급여액은 5,548만 원이 아니다. 연간 급여 총액을 직원 수로 나누어 계산해보니 2,894만 원이다. 물론 종업원 급여 수준이 절대적인 기업의 경쟁력을 대표하는 것은 아니다.

하지만 비슷한 중견 기업인 리노공업 직원의 $\frac{1}{4}$ 수준이다. 이 정도 급여를 주면서, 직원들에게 강한 소속감을 가지고 열심히 근무하라고 요구하는 것 자체가 무리가 아닐까 싶다.

당연히 능력이 뛰어난 직원들은 이미 회사를 떠났고, 다른 회사로 이직이 쉽지 않은 직원들만 남아 있을 것이다.

반면 많은 급여를 주는 리노공업에는 능력이 뛰어난 구직자들이 몰려들 것이고, 이는 다시 회사의 경쟁력을 높이는 요인이 된다.

이상 살펴본 반도체 소재, 부품, 장비 회사들의 재무제표 특징을 요약해보면 다음과 같다.

| | 반도체 장비 | 반도체 소재 | 반도체 부품 |
|---|---|---|---|
| 생산 설비 비중 | 소재, 부품 회사보다 훨씬 낮다 | 장비 회사보다 훨씬 높다 | 장비 회사보다 훨씬 높다 |
| 원재료비 | 비중이 높다 | 비중이 높다 | 비중이 중간 수준이다 |
| 감가상각비 | 연구개발 설비 비중이 높다 | 생산 설비 비중이 높다 | 생산 설비 비중이 높다 |
| 연구개발비 비중 | 상대적으로 아주 높다 | 장비 회사보다 훨씬 낮다 | 장비 회사보다 훨씬 낮다 |
| 충당부채 | 상대적으로 많다 | 극히 미미하다 | 극히 미미하다 |

▷ **반도체 산업은 꾸준히 성장하는 업종, 불황일 때 사서 호황일 때 팔자** ◁

반도체 업종도 다른 산업과 마찬가지로 호황과 불황을 반복하는 산업이다. 그리고 그 변동 폭이 다른 업종보다 상대적으로 더 가파르고 깊다고 할 수 있다.

그러나 불황기를 지나면 이전보다 더 큰 호황기가 찾아오는 산업이다. 그 이유는 기본적으로 반도체에 대한 수요는 꾸준히 증가하기 때문이다.

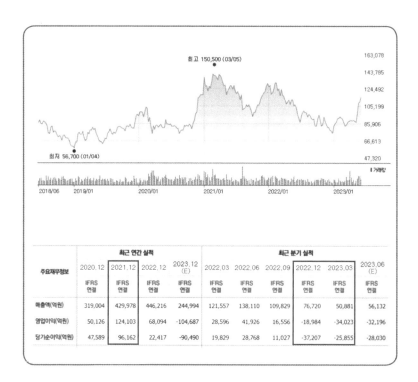

| 주요재무정보 | 최근 연간 실적 | | | | 최근 분기 실적 | | | | | |
|---|---|---|---|---|---|---|---|---|---|---|
| | 2020.12 | 2021.12 | 2022.12 | 2023.12 (E) | 2022.03 | 2022.06 | 2022.09 | 2022.12 | 2023.03 | 2023.06 (E) |
| | IFRS 연결 | IFRS 연결 | IFRS 연결 | IFRS 연결 | IFRS 연결 | IFRS 연결 | IFRS 연결 | IFRS 연결 | IFRS 연결 | IFRS 연결 |
| 매출액(억원) | 319,004 | 429,978 | 446,216 | 244,994 | 121,557 | 138,110 | 109,829 | 76,720 | 50,881 | 56,132 |
| 영업이익(억원) | 50,126 | 124,103 | 68,094 | -104,687 | 28,596 | 41,926 | 16,556 | -18,984 | -34,023 | -32,196 |
| 당기순이익(억원) | 47,589 | 96,162 | 22,417 | -90,490 | 19,829 | 28,768 | 11,027 | -37,207 | -25,855 | -28,030 |

위 화면은 SK하이닉스의 주가 차트와 2020년 이후 연도별 실적을 보여주고 있다. 사상 최대의 이익을 냈던 2021년 3월 5일에 이미 주가는 최고치를 기록한 후, 1년 9개월간 지속적으로 하락했다. 그리고 2023년 1분기 3.4조 원의 영업적자를 기록하기 이전인 2022년 12월에 이미 주가는 바닥을 지나고 있다.

따라서 **반도체 경기에 대한 우려와 실제 기업의 실적이 크게 악화하여, 주가가 크게 하락한 시기에 주식을 매수해야 한다.**

그리고 반도체 기업이 사상 최대의 실적을 냈다는 뉴스, 반도체 경기에 대한 긍정적인 전망이 지속되어 주가도 크게 올랐을 때 매도하는 투자 전략이 필요하다.

# 3. 전기자동차 배터리

배터리 회사의
이익을 결정하는 계정과목

LG에너지솔루션, 삼성SDI,
에코프로비엠, 피엔티

▷ 전기자동차 배터리 회사, 충당부채가 영업이익을 결정
한다 ◁

(단위 : 백만 원)

|  | 제 3 기 | 제 2 기 | 제 1 기 |
|---|---|---|---|
| 매출 | 25,598,609 | 17,851,906 | 1,461,068 |
| 매출원가 | 21,308,077 | 13,953,123 | 1,237,020 |
| 매출총이익 | 4,290,532 | 3,898,783 | 224,048 |
| 판매비와 관리비 | 3,076,813 | 3,130,313 | 699,254 |
| 영업이익(손실) | 1,213,719 | 768,470 | (475,206) |

위 화면은 LG에너지솔루션의 2020년(제1기)−2022년(제3기) 연결손
익계산서 일부다. 2022년(제3기) 매출액은 전년도 17.8조 원에서 25.5

조 원으로 7.7조 원 증가했고, 영업이익은 7,684억 원에서 1.2조 원으로 역시 큰 폭으로 증가했다.

여기서 **일반적인 상황이 아닌 부분은 매출액 증가에 비해 오히려 판매비와 관리비가 전년 대비 소폭 감소했다는 점이다.** 매출이 증가한다는 이야기는 회사의 규모가 확장하고 있다는 의미며, 사업을 확장하고 있는 회사의 판매비와 관리비는 일반적으로 증가한다.

판매비와 관리비가 감소한 이유를 살펴보자.

(단위 : 백만 원)

| 구 분 | 당기 | 전기 |
|---|---|---|
| 급여 | 803,570 | 517,082 |
| 퇴직급여 | 41,907 | 36,398 |
| 복리후생비 | 152,923 | 113,712 |
| 여비교통비 | 50,539 | 25,957 |
| 수도광열비 | 48,514 | 30,187 |
| 포장비 | 8,048 | 1,133 |
| 사용료 | 68,365 | 50,448 |
| 수수료 | 482,151 | 314,023 |
| 감가상각비 | 140,358 | 103,495 |
| 광고선전비 | 18,245 | 13,056 |
| 운반비 | 234,324 | 153,936 |
| 교육훈련비 | 22,194 | 10,819 |
| 무형자산상각비 | 65,694 | 45,670 |
| 견본비 | 3,114 | 4,586 |
| 경상개발비 | 134,804 | 106,942 |
| 판매보증충당부채전입액 | 630,174 | 1,463,697 |
| 기타 판매비와 관리비 | 171,889 | 139,172 |
| 합 계 | 3,076,813 | 3,130,313 |

앞 화면은 LG에너지솔루션의 2022년(당기) 사업보고서 재무제표 주석에서 확인한 전체 판매비와 관리비 상세 내역이다. 회사의 매출이 크게 증가하면서 급여, 수수료, 운반비 등 비용 역시 증가했다.

하지만 판매보증 충당부채 전입액이 2021년 1.46조 원에서 6,300억 원으로 8,300억 원 정도 감소하여, 전체 판매비와 관리비가 2021년보다 소폭 감소했다.

이제 충당부채의 상세 내역을 살펴보자.

(단위 : 백만 원)

| 구 분 | 당기 | | | | |
|---|---|---|---|---|---|
| | 판매보증<br>충당부채(*1) | 온실가스배출<br>충당부채(*2) | 복구충당부채<br>(*3) | 소송충당부채<br>(*4) | 합 계 |
| 기초 | 2,103,880 | 79 | 3,069 | 987 | 2,108,015 |
| 사업결합 | 4,999 | – | – | – | 4,999 |
| 충당금 전입 | 630,174 | 12,493 | 1,049 | – | 643,716 |
| 사용액 | (1,256,153) | (3,860) | – | (987) | (1,261,000) |
| 기말 | 1,482,900 | 8,712 | 4,118 | – | 1,495,730 |
| 차감: 유동항목 | (968,237) | (8,712) | – | – | (976,949) |
| 합 계 | 514,663 | – | 4,118 | – | 518,781 |

(단위 : 백만 원)

| 구 분 | 전기 | | | | |
|---|---|---|---|---|---|
| | 판매보증<br>충당부채(*1) | 온실가스배출<br>충당부채(*2) | 복구충당부채<br>(*3) | 소송충당부채<br>(*4) | 합 계 |
| 기초 | 1,238,671 | 842 | – | 331 | 1,239,844 |
| 충당금 전입(환입) | 1,463,697 | (39) | 3,069 | 6,304 | 1,473,031 |
| 사용액 | (598,488) | (724) | – | (5,648) | (604,860) |
| 기말 | 2,103,880 | 79 | 3,069 | 987 | 2,108,015 |
| 차감: 유동항목 | (1,527,397) | (79) | – | – | (1,527,476) |
| 합 계 | 576,483 | – | 3,069 | 987 | 580,539 |

옆 화면은 LG에너지솔루션의 2021년(전기)-2022년(당기) 충당부채 변동 내역이다. 사업보고서 재무제표 주석에서 확인했다. 온실가스배출 충당부채, 복구 충당부채 등이 있으나 금액이 미미하다. 그런 관계로 전체 충당부채에 절대적인 영향을 미치는 판매보증 충당부채만 확인하면 된다.

판매보증 충당부채는 이미 판매한 제품전기자동차 배터리과 관련하여 품질보증, 교환 및 환불 등으로 인해 장래에 발생할 것으로 예상되는 금액만큼 미리 충당부채로 설정한 것이다.

2021년 LG에너지솔루션은 신규충당금 전입로 1.46조 원을 충당금으로 설정했고, 실제 품질보증과 관련하여 사용한 충당금은 5,984억 원이다. 그리고 2022년 신규로 6,301억 원을 충당금으로 설정했고, 실제 사용한 금액은 1.25조 원이다.

매년 신규로 설정한 충당금과 실제 사용한 충당금에 큰 차이가 있다. 이것으로 미루어 볼 때 LG에너지솔루션은 전기자동차 배터리와 관련된 특정 리콜이 발생하면, 해당 리콜로부터 발생할 것으로 예상되는 금액만큼 충당금을 신규로 설정한다는 사실을 알 수 있다. 그다음 순차적으로 제품 교환 등 리콜을 실시하여, 실제 충당금 사용은 다음 연도에 주로 이루어진다.

실제로 2021년 GM은 LG에너지솔루션의 배터리 결함으로 대규모 리콜을 실시하기로 결정했다. 그리고 충당금의 실제 사용은 2022년에 이루어졌다. 따라서 우리는 **LG에너지솔루션이나 삼성SDI의 배터리 관련 대규모 리콜이 발생하면, 막대한 충당금 설정으로 해당 연도**

**영업이익에 큰 영향을 미친다는 사실을 기억해야 한다.**

만일 2022년에도 대규모 리콜 발생으로 2021년도와 비슷한 수준의 판매보증 충당부채를 설정했다면, 2022년 LG에너지솔루션의 전체 영업이익은 큰 폭의 매출 성장에도 불구하고 오히려 감소했을 것이다.

현재 LG에너지솔루션은 대규모 충당부채 설정이라는 영업이익에 아주 큰 마이너스 요인을 가지고 있다. 그러나 회사가 여러 리콜 사태를 겪으면서 생산하는 배터리의 결함을 계속해서 개선해 나간다면, 현재보다 더 많은 영업이익을 낼 능력을 갖추고 있다는 점도 분명하다.

그렇다면 삼성SDI는 전기자동차 배터리와 관련해서 충당부채를 얼마나 설정하고 있을까? 100% 전기자동차 배터리를 생산하고 있는 LG에너지솔루션과는 다르게, 삼성SDI의 전체 매출액에서 전기자동차 배터리가 차지하는 비중은 대략 40~45% 수준이다.

(단위 : 원)

|  | 제 53 기 | 제 52 기 | 제 51 기 |
|---|---|---|---|
| 매출액 | 20,124,069,515,854 | 13,553,220,248,796 | 11,294,770,446,035 |
| 매출원가 | 15,903,322,834,044 | 10,475,602,069,114 | 8,914,217,432,960 |
| 매출총이익 | 4,220,746,681,810 | 3,077,618,179,682 | 2,380,553,013,075 |
| 판매비와관리비 | 2,412,733,668,608 | 2,010,042,579,185 | 1,709,217,654,651 |
| 영업이익(손실) | 1,808,013,013,202 | 1,067,575,600,497 | 671,335,358,424 |

위 화면은 삼성SDI의 2020년(제51기)-2022년(제53기) 연결손익계산서 일부다. 2021년과 2022년 매출액이 각각 13.5조 원과 20.1조 원이다.

따라서 2021년과 2022년 전기자동차 배터리 매출은 대략 각각 6조 원과 9조 원 수준이었을 것이다.

| 구분 | | 당기 | | | | 전기 | | | |
|---|---|---|---|---|---|---|---|---|---|
| | | 기 초 | 증 가 | 감 소 | 기 말 | 기 초 | 증 가 | 감 소 | 기 말 |
| 유동 | 품질보상 | 239,980,403 | 197,909,269 | (117,152,746) | 320,736,926 | 243,484,224 | 53,811,285 | (57,315,106) | 239,980,403 |
| | 장기성과금 | 5,996,252 | - | (5,996,252) | - | 5,996,252 | 5,996,252 | (5,996,252) | 5,996,252 |
| | 기타 | 56,705,575 | 35,450,324 | (81,383,849) | 10,772,050 | 52,893,059 | 5,875,432 | (2,062,916) | 56,705,575 |
| | 소 계 | 302,682,230 | 233,359,593 | (204,532,847) | 331,508,976 | 302,373,535 | 65,682,969 | (65,374,274) | 302,682,230 |
| 비유동 | 장기성과금 | 38,690,678 | 1,904,524 | - | 40,595,202 | 26,396,921 | 18,290,009 | (5,996,252) | 38,690,678 |
| | 복구충당 | 28,980 | 3,200 | | 32,180 | 23,721 | 5,259 | | 28,980 |
| | 기타 | 54,592,052 | 2,784,190 | (6,125,318) | 51,250,924 | 53,402,648 | 6,733,886 | (5,544,482) | 54,592,052 |
| | 소 계 | 93,311,710 | 4,691,914 | (6,125,318) | 91,878,306 | 79,823,290 | 25,029,154 | (11,540,734) | 93,311,710 |
| 합 계 | | 395,993,940 | 238,051,507 | (210,658,165) | 423,387,282 | 382,196,825 | 90,712,123 | (76,915,008) | 395,993,940 |

(단위 : 천 원)

위 화면은 삼성SDI의 2022년(당기)-2021년(전기) 충당부채 변동 내역이다. 재무제표 주석에서 확인했다. 판매한 제품에 대해 신규로 설정한 품질보상충당금은 2021년도와 2022년도 각각 538억 원과 1,979억 원이다.

전력 저장장치용 배터리, 스마트폰용 배터리 등 다른 제품에 대한 품질보상충당금을 감안했을 때, 삼성SDI의 전기자동차 배터리와 관련해서 설정한 충당금은 LG에너지솔루션보다는 확실히 적다고 판단을 내릴 수 있다.

그러나 삼성SDI도 매년 설정하고 있는 충당부채의 규모가 전체 영업이익에 적지 않은 영향을 미치고 있다.

## ▷ 대규모 설비투자를 진행하고 있는 배터리 업체 ◁

(단위 : 백만 원)

| 구 분 | 당기 | | | | | | | | | | | |
| --- | --- | --- | --- | --- | --- | --- | --- | --- | --- | --- | --- | --- |
| | 토지 | 건물 | 구축물 | 기계장치 | 차량운반구 | 공기구 | 비품 | 기타의 유형자산 | 사용권 자산 | 건설중인 자산 | 미착기계 | 합계 |
| 기초 | 273,690 | 2,776,918 | 101,106 | 4,460,576 | 8,582 | 491,369 | 126,112 | - | 88,721 | 2,708,720 | 14,983 | 11,050,777 |
| 취득원가 | 274,358 | 3,229,701 | 149,144 | 8,426,166 | 14,643 | 1,020,874 | 243,946 | - | 117,405 | 2,712,769 | 14,983 | 16,203,989 |
| 감가상각누계액 | - | (449,313) | (48,203) | (3,962,140) | (6,053) | (529,128) | (117,308) | - | (28,684) | - | - | (5,138,829) |
| 손상차손누계액 | (668) | (3,470) | (1,835) | (3,450) | (8) | (377) | (525) | - | - | (4,049) | - | (14,383) |
| 사업결합 | - | - | 167 | 2,463 | - | - | 3 | - | 4,618 | - | - | 7,251 |
| 취득 / 대체 | 75,163 | 1,513,325 | 90,268 | 2,072,280 | 2,937 | 326,432 | 196,420 | 6,206 | 78,884 | 6,391,238 | 33,016 | 10,786,190 |
| 처분/대체 | (13) | (4,796) | (259) | (39,398) | (96) | (23,256) | (1,915) | (2,891) | (6,611) | (4,526,799) | (38,534) | (4,644,768) |
| 외화환산차이 | (253) | (39,247) | (2,243) | (88,676) | 11 | (5,353) | (3,053) | - | 25,881 | (15,858) | - | (128,791) |
| 감가상각 | - | (116,633) | (10,360) | (1,346,256) | (2,122) | (172,592) | (46,418) | (298) | (44,933) | - | - | (1,739,612) |
| 기말 | 348,587 | 4,129,568 | 178,699 | 5,060,989 | 9,312 | 616,600 | 271,149 | 3,017 | 146,360 | 4,557,301 | 9,465 | 15,331,047 |
| 취득원가 | 349,255 | 4,703,585 | 236,574 | 10,227,713 | 17,118 | 1,263,884 | 430,727 | 3,316 | 215,777 | 4,561,629 | 9,465 | 22,019,043 |
| 감가상각누계액 | - | (570,459) | (56,040) | (5,163,539) | (7,798) | (646,927) | (159,050) | (299) | (69,417) | - | - | (6,673,529) |
| 손상차손누계액 | (668) | (3,558) | (1,835) | (3,185) | (8) | (357) | (528) | - | - | (4,326) | - | (14,467) |

(단위 : 천 원)

| 구 분 | 토 지 | 건물 및 구축물 | 기계장치 | 공구기구비품 등 | 사용권자산 | 건설중인자산 등 | 합 계 |
| --- | --- | --- | --- | --- | --- | --- | --- |
| 기초장부금액 | 345,320,013 | 2,137,880,321 | 2,778,631,970 | 196,380,942 | 35,235,220 | 2,142,547,123 | 7,635,995,589 |
| 취득원가 | 345,320,013 | 4,076,457,298 | 6,655,250,486 | 790,459,938 | 83,079,072 | 2,142,547,123 | 14,093,113,930 |
| 감가상각누계액 (손상 및 정부보조금 포함) | - | (1,938,576,977) | (3,876,618,516) | (594,078,996) | (47,843,852) | - | (6,457,118,341) |
| 일반취득 및 자본적지출 | 32,418 | 9,521,205 | 39,322,934 | 46,112,588 | 64,185,474 | 2,543,530,776 | 2,702,705,395 |
| 감가상각 | - | (160,258,777) | (1,085,544,173) | (136,735,623) | (25,375,751) | - | (1,407,914,324) |
| 처분/폐기 | (19,605) | (5,515,413) | (100,130,393) | (5,284,074) | (1,288,492) | (4,904,215) | (117,142,192) |
| 손상차손 | - | - | (25,886,445) | (4,135,486) | - | (1,063,595) | (31,085,526) |
| 기타증(감) | 7,263,166 | 535,581,045 | 1,569,316,452 | 142,112,660 | (3,568,425) | (2,067,794,041) | 182,910,857 |
| 기말장부금액 | 352,595,992 | 2,517,208,381 | 3,175,710,345 | 238,451,007 | 69,188,026 | 2,612,316,048 | 8,965,469,799 |
| 취득원가 | 352,595,992 | 4,621,115,078 | 7,000,524,099 | 864,204,089 | 99,237,957 | 2,612,316,048 | 16,399,994,163 |
| 감가상각누계액 (손상 및 정부보조금 포함) | - | (2,103,907,597) | (4,654,813,754) | (645,753,082) | (30,049,931) | - | (7,434,524,364) |

위 화면은 LG에너지솔루션위 그림과 삼성SDI아래 그림의 2022년도 유형자산 변동 내역이다. 두 회사는 2022년도 각각 6.1조 원과 2.9조 원을 유형자산 취득에 투자하고 있으며, 발생하고 있는 감가상각비도 각각 1.7조 원과 1.4조 원으로 상당하다.

한 가지 특별한 점은 건설중인자산에서 기계장치로 대체되고 있는

금액이 각각 2조 원과 1.5조 원으로 대규모다. 전기자동차시장이 큰
폭으로 성장하면서 배터리 회사인 LG에너지솔루션과 삼성SDI도 생
산설비를 대규모로 늘리고 있는 상황이다.

현재 전체 감가상각비의 70% 이상이 생산설비에서 발생하고 있다.
대규모로 생산설비에 대한 투자가 지속적으로 이루어지고 있다는 사
실은 향후 감가상각비도 크게 증가할 것이라는 점을 알려준다.

## ▷ 높은 원재료 ◁

(단위 : 백만 원)

| 구 분 | 당기 | 전기 |
|---|---|---|
| 제품, 반제품, 상품 및 재공품의 변동 | (1,977,268) | (574,232) |
| 원재료 및 소모품 사용 | 17,533,286 | 10,306,125 |
| 상품의 매입 | 1,298,022 | 959,207 |
| 종업원급여 | 2,364,806 | 1,609,484 |
| 광고선전비 | 18,512 | 13,368 |
| 운반비 | 262,484 | 170,765 |
| 지급수수료 | 895,417 | 674,623 |
| 감가상각비, 무형자산상각비 | 1,842,713 | 1,451,650 |
| 임차료 | 51,439 | 36,310 |
| 판매보증충당부채전입액 | 630,174 | 1,463,697 |
| 기타비용 | 1,465,305 | 972,439 |
| 합 계 | 24,384,890 | 17,083,436 |

위 화면은 LG에너지솔루션의 2022년(당기) 사업보고서 재무제표 주
석에 있는 비용의 성격별 분류다. 2022년 전체 영업 비용인 24.3조
원 중 원재료와 관련된 비용은 17조 원으로 70%에 해당한다.

삼성SDI 역시 전체 비용 중 원재료가 차지하는 비중이 65% 수준으로 가장 많다. 원재료 비용 다음으로, 고정비 성격인 급여와 감가상각비 순이다.

**전기자동차 배터리 업체의 비용 구조로부터 우리는 해당 기업의 영업이익이 증가하기 위해서는 매출의 증가도 중요하지만, 원재료 가격과 제품 판매 가격의 차이**<sub>스프레드</sub> **역시 중요하다는 사실을 알 수 있다.**

## ▷ 크게 증가하고 있는 연구개발비 ◁

(단위 : 백만 원)

| 과    목 | | 제3기 | 제2기 | 제1기 | 비 고 |
|---|---|---|---|---|---|
| 연구개발비용 계(*) | | 876,058 | 654,026 | 26,471 | - |
| (정부보조금) | | (53) | (94) | (7) | - |
| 연구개발비용 (정부보조금 차감 후) | | 876,005 | 653,932 | 26,464 | - |
| 회계처리 | 판매비와 관리비 | 846,138 | 614,366 | 26,464 | - |
| | 제조경비 | 19,529 | 16,712 | - | - |
| | 개발비(무형자산) | - | - | - | - |
| | 기타 | 10,338 | 22,854 | - | - |
| 연구개발비 / 매출액 비율<br>[연구개발비용계(*)÷당(분)기매출액×100] | | 3.4% | 3.7% | 1.8% | - |

위 화면은 LG에너지솔루션의 2022년 사업보고서에서 확인한 매출액 대비 연구개발비 비중이다. 매출액 대비 연구개발비 비중은 높은 수준이 아니지만, 전체 연구개발비 금액 자체는 매년 크게 증가하고

있다. 참고로 제1기는 기업 분할로 인해 1개월의 연구개발비 비용만 기록되어 있다.

삼성SDI는 매출액 대비 연구개발비 비중이 5~7% 수준으로 높다. 전기자동차시장이 급성장하면서 배터리시장도 크게 성장하고 있으며, 배터리 생산 업체들도 적극적인 연구개발활동을 진행 중이다.

### ▷ 전기자동차 배터리 소재 회사, 매출과 이익이 크게 성장 ◁

(단위 : 원)

| | 제 7 기 | 제 6 기 | 제 5 기 |
|---|---|---|---|
| 매출액 | 5,357,607,238,956 | 1,485,628,623,826 | 854,748,843,876 |
| 매출원가 | 4,841,442,891,689 | 1,295,494,962,535 | 749,175,488,249 |
| 매출총이익 | 516,164,347,267 | 190,133,661,291 | 105,573,355,627 |
| 판매비와관리비 | 135,487,629,192 | 75,102,412,791 | 50,804,074,140 |
| 영업이익 | 380,676,718,075 | 115,031,248,500 | 54,769,281,487 |

위 화면은 전기자동차 배터리 소재 대표 기업 중 하나인 에코프로비엠의 2020년(제5기)~2022년(제7기) 연결손익계산서 일부다.

전기자동차시장이 큰 폭으로 성장함에 따라 기업의 매출액은 2020년(제5기) 8,547억 원에서 2022년(제7기) 5.35조 원으로, 2년 만에 무려 6배 이상 성장했다. 또한 영업이익도 547억 원에서 3,806억 원으로 7배 성장했다.

## ▷ 생산설비(기계장치)에 대한 투자 확대 ◁

(단위 : 천 원)

| 당기 | 기초 | 취득 | 처분 | 대체 | 감가상각비 | 손상차손 | 당기말 |
|---|---|---|---|---|---|---|---|
| 토지 | 41,322,674 | 17,130 | – | 287,184 | – | – | 41,626,988 |
| 건물 | 134,767,364 | – | (2,627,317) | 32,945,389 | (8,483,905) | (588,523) | 156,013,008 |
| 정부보조금 | (2,179,552) | (1,732,919) | – | – | 155,596 | – | (3,756,875) |
| 구축물 | 78,305,708 | – | (4,111,141) | 25,877,055 | (4,765,224) | (899,060) | 94,407,338 |
| 정부보조금 | (903,955) | (962,234) | – | – | 69,152 | – | (1,797,037) |
| 기계장치 | 251,116,030 | – | (5,594,517) | 129,918,328 | (39,103,946) | (5,323,064) | 331,012,831 |
| 정부보조금 | (3,742,368) | (4,205,585) | – | – | 562,958 | – | (7,384,995) |
| 차량운반구 | 122,824 | – | (58,810) | 142,306 | (57,698) | – | 148,622 |
| 공기구비품 | 5,825,166 | – | (70,433) | 3,900,847 | (2,154,923) | (645,315) | 6,855,342 |
| 정부보조금 | (221,472) | (20,000) | – | – | 57,900 | – | (183,572) |
| 연구기자재 | 20,680,313 | – | (60,962) | 9,238,045 | (7,026,066) | – | 22,831,330 |
| 정부보조금 | (466,756) | (209,574) | – | – | 217,879 | – | (458,451) |
| 건설중인자산 | 114,222,552 | 456,557,760 | – | (206,564,246) | – | – | 364,216,066 |
| 합 계 | 638,848,528 | 449,444,578 | (12,523,180) | (4,255,092) | (60,528,277) | (7,455,962) | 1,003,530,595 |

위 화면은 에코프로비엠의 2022년 재무제표 주석에서 확인한 유형
자산 변동 내역이다. 유형자산 변동 내역 중 가장 눈에 띄는 부분은 바
로 대체된 건설중인자산 2,065억 원 중 절반 이상이 기계장치로 대체
되었다는 사실이다.

기업의 매출이 큰 폭으로 성장하면서 생산설비에 대한 투자가 증가
하는 일은 당연하다. 현재의 투자 상황으로 판단할 때, 남아있는 건설
중인자산 3,642억 원 중 절반 이상이 기계장치로 대체될 것으로 예상
된다.

2022년 이후 전체 유형자산 중 생산설비기계장치가 차지하는 비중은
절반 이상일 것이며, 이는 향후 회사의 감가상각비 급증을 의미한다.

76

이런 상황은 다른 전기자동차 배터리 소재 회사도 현재 동일하게 겪고 있다.

## ▷ 자금 조달의 증가 ◁

(단위 : 원)

| | 2022. 12. 31 | 2021. 12. 31 | 2020. 12. 31 |
|---|---|---|---|
| 재무활동현금흐름 | 993,243,884,145 | 383,583,882,567 | 9,045,275,146 |
| 보통주 발행 | 624,556,934,400 | 4,843,000,000 | 4,792,000,000 |
| 보통주 발행의 거래원가 | (2,548,582,670) | (8,558,500) | (9,121,420) |
| 종속기업의 보통주 발행 거래원가 | (89,110,300) | (30,751,000) | (19,782,980) |
| 비지배지분과의 거래 | 40,000,000,000 | 24,000,000,000 | 24,000,000,000 |
| 자기주식 취득 | (15,977,992,380) | | |
| 단기차입금 차입 | 763,233,719,498 | 436,126,024,429 | 193,800,000,000 |
| 단기차입금 상환 | (650,948,598,667) | (231,167,292,269) | (189,509,435,086) |
| 유동성장기차입금 상환 | (92,000,000,000) | (8,920,000,000) | (16,249,999,998) |
| 장기차입금 차입 | 373,900,000,000 | 143,600,000,000 | 60,000,000,000 |
| 장기차입금 상환 | | (64,260,000,000) | (59,120,000,000) |
| 사채의 발행 | | 81,740,140,000 | |
| 리스부채의 원금 상환 | (952,306,718) | (823,346,023) | (1,215,175,490) |
| 임대보증금의 증가 | 8,330,000 | 51,600,000 | 114,748,000 |
| 임대보증금의 감소 | (55,094,000) | (9,989,600) | |
| 정부보조금의 수령 | 2,159,559,309 | | 1,284,556,904 |
| 정부보조금의 상환 | (344,062,453) | (354,619,410) | |
| 신주인수권 행사 | | 14,000,000,000 | |
| 이자의 지급 | (26,687,039,234) | (5,773,277,060) | (5,751,566,584) |
| 배당금지급 | (21,011,872,640) | (9,429,048,000) | (3,070,948,200) |

위 화면은 에코프로비엠의 2022년 현금흐름표 중 재무활동현금흐름이다. 회사의 매출이 크게 성장하면서 2020년 이후 매년 재무활동

현금흐름은 플러스 현금흐름이다. 부족한 운전자본<sub>매출액 급증에 따른 매출</sub>
<sub>채권과 재고자산 증가</sub>과 설비투자 자금을, 주로 차입하거나 회사채의 발행
<sub>2021년 817억 원</sub>과 유상증자<sub>2022년 6,245억 원</sub>로 마련했다.

향후 기업의 매출이 계속해서 성장한다면 회사의 외부 자금 조달은
계속 이어질 것이다. 엘앤에프, 포스코퓨처엠 등 대부분의 전기자동
차 배터리 소재 회사들은 현재 매출이 크게 성장했다. 그에 따라 생산
설비에 대한 투자를 늘리고, 부족한 운전자본을 외부에서 조달하고
있는 상황이다.

## ▷ 높은 원재료 ◁

(단위 : 천 원)

| 구 분 | 당기 | 전기 |
|---|---|---|
| 제품 및 재공품의 변동 | (285,170,390) | (178,612,006) |
| 원재료 및 소모품사용 | 4,838,591,009 | 1,286,107,206 |
| 종업원 급여 | 129,693,444 | 86,696,731 |
| 유형자산 감가상각비 | 60,528,277 | 39,758,666 |
| 사용권자산 감가상각비 | 922,721 | 849,177 |
| 무형자산 상각비 | 3,347,873 | 2,784,764 |
| 외주가공비 | 47,490,281 | 22,295,168 |
| 지급수수료 | 41,397,228 | 10,865,698 |
| 운반비 | 15,910,439 | 6,075,395 |
| 광고비 | 47,811 | 145,823 |
| 운용리스료 지급 | 2,079,859 | 1,679,505 |
| 기타 비용 | 122,091,969 | 91,951,248 |
| 매출원가 및 판매비와 관리비 합계 | 4,976,930,521 | 1,370,597,375 |

옆 화면은 에코프로비엠의 2022년(당기) 사업보고서 재무제표 주석에서 확인한 비용의 성격별 분류다. 전체 영업 비용 4조 9,769억 원 중 91% 이상인 4조 5,534억 원이 원재료 비용이다. 여타 전기자동차 배터리 소재 기업들도 전체 비용 중 원재료 비용이 가장 많은 상황이다.

현재 전기자동차 배터리 소재 기업들은 매출이 급증하면서 설비투자 역시 크게 늘리고, 차입금도 계속 증가하여 금융 비용과 감가상각비도 늘고 있는 상황이다.

**또한 원재료 비용이 압도적으로 많은 관계로, 기업의 이익이 증가하기 위해서는 매출 증가도 중요하지만 스프레드**제품 가격과 원재료 가격 차이**가 더 중요하다.**

## ▷ 배터리 업체에 비해 낮은 연구개발비 ◁

(단위 : 백만 원)

| 과 목 | 제 7 기<br>(2022년) | 제 6 기<br>(2021년) | 제 5 기<br>(2020년) | 비 고 |
|---|---|---|---|---|
| 연구개발비용 총액 | 50,918 | 33,211 | 26,258 | - |
| (정보부조금) | - | 121 | 25 | - |
| 연구개발비용 계<br>(정부보조금 차감 후) | 50,918 | 33,332 | 26,233 | |
| 연구개발비 / 매출액 비율<br>[연구개발비용계÷당기매출액×100] | 0.95% | 2.24% | 3.07% | - |

위 화면은 에코프로비엠의 2022년 매출액 대비 연구개발비 비중이다. 매년 연구개발비는 증가하고 있지만 매출액 증가가 더 큰 관계로,

매출액 대비 비중은 매년 감소하고 있다.

엘앤에프, 코스모신소재 등 다른 전기자동차 배터리 소재 업체들 역시 매출액 대비 연구개발비 비중이 1% 내외로 낮은 수준이다. 반도체 소재 업체와 마찬가지로 전기자동차 배터리 생산에 필요한 소재를 대량 생산해서 납품하는 관계로, 성장 산업에 속함에도 불구하고 연구개발비 비중이 낮은 것이다

## ▷ 배터리 장비 회사, 배터리 소재 기업에 미치지 못하는 성장률 ◁

(단위 : 원)

|  | 제 20 기 | 제 19 기 | 제 18 기 |
|---|---|---|---|
| 매출액 | 417,814,489,256 | 377,728,397,182 | 390,049,983,364 |
| 매출원가 | 310,096,396,563 | 294,411,433,254 | 316,424,839,114 |
| 매출총이익 | 107,718,092,693 | 83,316,963,928 | 73,625,144,250 |
| 판매비와관리비 | 29,952,927,380 | 28,908,632,684 | 18,324,918,224 |
| 영업이익(손실) | 77,765,165,313 | 54,408,331,244 | 55,300,226,026 |

위 화면은 전기자동차 배터리 장비 기업인 피엔티의 2020년(제18기)-2022년(제20기) 연결손익계산서 일부다.

전기자동차 배터리 소재 기업들과는 다르게 현재 매출과 기업의 이익이 크게 성장하고 있지는 못한 상황이다. 다른 전기자동차 배터리 장비 회사도 비슷한 상황이다.

## ▷ 낮은 생산설비 ◁

<당기> (단위 : 천 원)

| 구 분 | 토 지 | 건 물 | 기계장치 | 사용권자산 | 건설중인자산 | 기타(*1) | 합 계 |
|---|---|---|---|---|---|---|---|
| 기초 | 34,200,831 | 45,921,929 | 6,256,997 | 225,402 | 13,695,878 | 1,373,831 | 101,674,868 |
| 취득 및 자본적지출(*2) | - | 5,212,799 | 2,829,679 | 331,075 | 48,754,490 | 757,888 | 57,885,931 |
| 처분 | - | - | (7) | - | - | (25) | (32) |
| 대체(*3) | 22,008,339 | 2,261,147 | 1,018,288 | - | (30,764,677) | 227,688 | (5,249,215) |
| 감가상각비(*4) | - | (1,752,106) | (895,291) | (154,723) | - | (512,370) | (3,314,490) |
| 환율변동 | (15,151) | (763,676) | (271,917) | - | (158,647) | (16,021) | (1,225,412) |
| 기말 | 56,194,019 | 50,880,093 | 8,937,749 | 401,754 | 31,527,044 | 1,830,991 | 149,771,650 |

위 화면은 피엔티의 2022년 사업보고서 재무제표 주석에서 확인한 유형자산 변동 내역이다.

반도체 장비 회사와 비슷하게 전체 유형자산 중 생산설비기계장치가 차지하는 비중이 아주 적다. 다른 전기자동차 배터리 장비 회사도 마찬가지 상황이다.

대부분의 전기자동차 배터리 장비 부품은 외주제작하고 있으며, 피엔티는 부품조립 및 주요 소프트웨어만 장비에 장착하는 것이다.

이는 다음 화면에서도 설명이 된다.

## ▷ 높은 원재료 ◁

(단위 : 천 원)

| 구 분 | 당 기 | 전 기 |
|---|---|---|
| 재공품의 변동 | (415,254,973) | (110,458,095) |
| 원재료 및 소모품 사용 | 680,917,609 | 372,675,756 |
| 종업원급여 | 22,887,467 | 20,504,504 |
| 복리후생비 | 3,090,295 | 2,584,826 |
| 여비교통비 | 4,388,163 | 3,160,692 |
| 감가상각비 | 3,382,230 | 3,503,412 |
| 무형자산상각비 | 197,812 | 172,408 |
| 지급임차료 | 449,706 | 238,210 |
| 지급수수료 | 3,344,842 | 2,855,423 |
| 대손상각비 | 7,727,523 | 10,497,637 |
| 경상연구개발비 | 13,847,614 | 6,901,397 |
| 기타 | 15,071,035 | 10,683,895 |
| 합 계 | 340,049,323 | 323,320,065 |

위 화면은 피엔티의 2022년(당기) 사업보고서 재무제표 주석에서 확인한 비용의 성격별 분류다. 전체 비용 3,400억 원 중 78%인 2,657억 원이 원재료 비용이다. 다른 장비 회사도 큰 차이는 없다.

피엔티는 전기자동차 배터리 장비 전체를 자체 생산하는 것보다는 부품을 주로 외주제작원재료 매입하는 것이, 비용이나 효율성 측면에서 더 유리하기 때문이다.

## ▷ 원재료(메탈) 가격이 오를 때 매출과 이익도 증가 ◁

원재료를 투입해서 제품을 생산하는 데 소요되는 시간리드타임이 배터리 생산 업체는 대략 4개월, 소재 업체는 2~3개월이다. 그리고 전기자동차 배터리 및 소재 기업의 상당수는 원가와 판가가 연동되는 공급 계약 구조로 되어 있다.

원가와 판가가 연동되는 공급 계약은 원재료 가격 변동에 따른 리스크를 배터리 생산 업체와 소재 기업은 피해 가는 구조다. 이는 공급자배터리와 소재 기업 우위 시장임을 의미한다.

현재 원재료 가격 변동 리스크는 전부 전기자동차 완성 업체가 떠안고 있는 구조다. 그런 관점에서 볼 때, **투자 매력은 전기자동차 생산 업체보다는 배터리나 소재 기업이 더 높다고 할 수 있다.**

제품공급 계약을 맺는 경우에 배터리 생산 업체라면 4개월 전 원재료양극재, 음극재 등 가격을 반영해서 제품공급 가격을 결정하고 있다. 소재 기업이라면 2~3개월 전 원재료 가격을 반영해서 제품공급 가격을 결정하고 있다.

따라서 메탈리튬, 니켈 등 가격이 하락하면 수개월 뒤 전기자동차 배터리 소재 기업의 제품공급 가격이 하락하고, 전기자동차 배터리 소재 가격이 하락하게 되면 수개월 후 배터리 생산 업체의 제품공급 가격도 하락하는 구조다.

결국 메탈 가격의 하락은 일정 시차를 두고 전기자동차 배터리 소재 및 배터리 생산 업체의 매출 감소와 고정비 효과에 의한 영업이익 감소라는 결과를 초래하게 된다.

반대로 메탈 가격이 크게 오르면 수개월 후 배터리 생산 업체와 소재 기업의 매출과 영업이익 모두 순차적으로 증가하게 된다. 원재료 가격이 올라야 기업의 매출과 이익이 동시에 증가하는 구조다.

또한 일정 수준의 마진이 보장되는 원가와 판가 연동공급 계약으로 인해, 일단 판매량이 늘어나야 이익도 동시에 증가하는 구조다. 전기자동차 배터리 생산 기업과 소재 기업 모두 전체 비용 중 원재료 비중이 높다. 그런 관계로 **원가와 판가가 연동되는 공급 계약 구조가 아니라면, 석유화학 업체처럼 스프레드**제품 가격과 원재료 가격 차이**가 기업의 이익을 결정했을 것이다.**

## ▷ 낮은 연구개발비 ◁

전기자동차 배터리 장비 업체의 경우에 반도체 장비 회사와는 다르게, 매출액 대비 연구개발비 비중이 낮은 수준이다.

(단위 : 백만 원)

| 구 분 | 2022년 (제20기) | 2021년 (제19기) | 2020년 (제18기) |
|---|---|---|---|
| 제조원가 | 13,848 | 6,901 | 2,283 |
| 판관비 | - | - | - |
| 합 계 (매출액 대비 비율) | 13,848 (4.23%) | 6,901 (1.83%) | 2,283 (0.59%) |

옆 화면은 피엔티의 2022년 사업보고서에서 확인한 연구개발비 내역이다. 2022년 매출액 대비 연구개발비 비중이 4% 수준까지 증가했으나, 반도체 장비 회사들에 비해 연구개발비 금액 자체는 여전히 적은 수준이다.

이는 생산되는 최종 제품 차이에서 발생한다. 현재 생산되고 있는 반도체는 D-RAM, 낸드플래시, 비메모리 등 다양하다. 따라서 반도체를 생산하고 있는 기업들은 다양한 성능을 가진 다양한 종류의 장비를 요구하고 있다. 반도체 장비 회사들은 그런 고객의 요구에 신속히 대응해야 하는 관계로, 여러 종류의 장비개발을 위한 연구활동을 하고 있는 상황이다.

반면에 전기자동차 배터리 장비 회사들은 새로운 기능을 가진 신규 장비를 요구받는 경우도 없으며, 특정 생산 과정에 필요한 장비만을 생산하는 경우가 많다. 그렇기 때문에 관련 연구개발비 역시 비중이 크지 않다.

# 4. 해운, 여객운송
## 2019년 바뀐 회계 처리 기준이, 기업의 재무 구조를 바꾸어놓다

HMM, 팬오션, 대한항공

## ▷ 사용권자산과 리스부채 ◁

해운과 여객운송 업종의 재무제표를 분석하기 전에 사용권자산과 리스부채를 먼저 설명하고자 한다. 사용권자산과 리스부채는 2019년 회계 기준이 개정되면서 생겨난 계정과목이다.

기업이 본사 건물을 임대 형식으로 빌려서 사용하는 경우를 생각해보자. A회사는 본사를 옮기면서 새로운 빌딩 건물주와 보증금 10억 원, 월 임대료 1천만 원으로 5년 계약을 체결했다. 보증금 10억 원은 임대차 계약 기간이 종료되는 5년 뒤 돌려받기 때문에 자산으로 처리한다.

그런데 월세를 회계 처리하는 방식이 2019년부터 바뀌었다. 2019년 이전에는 매달 임대료 1천만 원을 임차료로 비용 처리하면 되었다. 그러나 임대차 계약을 통해서 5년간 기업이 건물 사용권인 자산<sub>사용권자산</sub>이 생긴 것과 동시에, 5년간 매달 임대료를 지불해야 하는 부채<sub>리스부채</sub>도 동시에 발생한 것으로 회계 처리 방식이 바뀌었다.

따라서 2019년부터는 임대차 계약 시점에 5년간의 임대료 6억 원<sub>1,000만 원 × 60개월</sub>을 사용권자산과 리스부채로 동시에 회계 처리하게 되었다.

**그 결과 사용권자산이 많은 기업의 경우에 부채의 증가로, 부채비율이 갑자기 상승하는 결과를 가져왔다.**

우리가 기업의 재무 안정성을 파악할 때, 단순히 부채비율만 따져서는 안 되고 구체적인 부채 세부 내역을 들여다봐야 하는 여러 이유 중 하나다.

그리고 매달 임대료 1천만 원을 지급하는 시점에 사용권자산에 대한 감가상각비가 1천만 원 발생한 것으로 회계 처리하게 되었다. 더불어 지불해야 하는 리스부채도 1천만 원 감소한 것으로 회계 처리하게 되었다.

이상의 내용을 정리하면 다음과 같다.

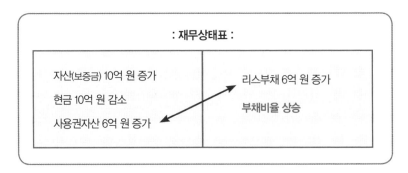

─ 임대차 계약 시점(보증금 10억 원, 월 임대료 1천만 원, 계약 기간 5년)

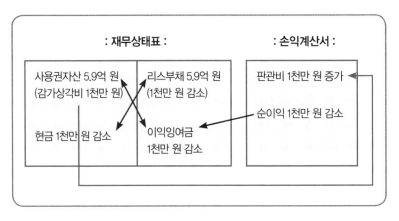

─ 1개월 뒤 임대료 1천만 원 지급 시점

　2019년 이후 항공<sub>여객기</sub>, 화물운송<sub>선박</sub>, 유통<sub>대형 할인점용 건물 임대</sub> 등 임차
규모가 큰 기업의 재무제표에서 우리는 사용권자산과 리스부채를 쉽
게 찾아볼 수 있게 되었다.

　이렇게 회계 처리 기준의 변경으로 회계 정보 이용자들은 이전보다
기업에 대해 보다 상세한 정보를 얻게 되었다. 이전에는 단순히 기업

이 가지고 있는 보증금 규모와 매년 발생하는 임대료에 대한 정보만 얻을 수 있었다.

하지만 **지금은 회계 처리 기준의 변경으로 임대 계약 기간이 어느 규모로 몇 년간**매년 발생하는 임차료 대비 잔여 사용권자산 **남았고, 관련해서 향후 발생할 비용인 임대료**잔여 리스부채 **규모도 얼마나 남았는지 충분히 파악할 수 있다.**

(단위 : 백만 원)

| | 2019. 12. 31 | 2018. 12. 31 | 2017. 12. 31 |
|---|---|---|---|
| 유형자산 | 2,023,528 | 1,734,100 | 1,596,765 |
| 투자부동산 | 0 | 0 | 20,497 |
| 무형자산 | 91,533 | 77,409 | 80,273 |
| 사용권자산 | 2,961,009 | 0 | 0 |
| 비유동부채 | 4,386,204 | 1,976,166 | 2,025,280 |
| 장기차입금 | 1,007,038 | 430,009 | 1,109,987 |
| 사채 | 529,065 | 523,851 | 720,874 |
| 비유동충당부채 | 23,989 | 17,772 | 7,773 |
| 비유동금융리스부채 | 2,786,787 | 952,501 | 65,497 |

위 화면은 HMM의 2017년-2019년 재무상태표 일부다. 2019년 사용권자산 2.9조 원, 금융 리스부채 2.7조 원이 새롭게 재무상태표에 추가되었다. 결과적으로 부채비율이 상승했다.

\* 단위 : 억 원, %, %p, 배    \*분기 : 순액 기준

| 항목 | 2018/12 (IFRS연결) | 2019/12 (IFRS연결) | 2020/12 (IFRS연결) | 2021/12 (IFRS연결) | 2022/12 ➕ (IFRS연결) | 전년대비 (YoY) |
|---|---|---|---|---|---|---|
| ➕ 부채비율 | 296.42 | 556.71 | 455.11 | 72.58 | 25.55 | -47.03 |
| ➕ 유동부채비율 | 106.34 | 154.42 | 170.60 | 24.37 | 9.92 | -14.46 |
| ➕ 비유동부채비율 | 190.08 | 402.29 | 284.51 | 48.20 | 15.63 | -32.57 |
| ➕ 순부채비율 | 142.01 | 422.91 | 293.61 | -6.20 | -43.13 | -36.93 |

앞 화면은 HMM의 각종 부채비율이다. 2019년 사용권자산과 리스부채 회계 처리 규정이 생기면서, 2018년에 비해 부채비율이 2019년 갑자기 상승했다.

(단위 : 원)

| | 2019. 12. 31 | 2018. 12. 31 | 2017. 12. 31 |
|---|---|---|---|
| 비유동자산 | 17,444,824,942,860 | 14,468,260,739,598 | 14,171,285,835,986 |
| 유형자산 | 10,003,686,463,873 | 10,403,866,404,946 | 9,799,864,635,725 |
| 투자부동산 | 1,583,986,802,032 | 1,051,641,345,581 | 1,063,518,657,038 |
| 무형자산 | 1,319,146,552,096 | 288,065,471,153 | 376,713,703,163 |
| 사용권자산 | 1,780,786,616,419 | | |
| 비유동부채 | 5,481,764,518,922 | 2,898,113,893,103 | 3,081,062,660,078 |
| 장기차입금 | 2,456,253,090,496 | 2,119,822,386,927 | 2,196,888,112,143 |
| 장기파생상품부채 | 9,198,840,486 | 9,640,516,174 | 27,918,620,199 |
| 순확정급여부채 | 122,027,229,279 | 123,517,246,780 | 102,824,844,821 |
| 이연법인세부채 | 245,783,180,578 | 329,456,602,253 | 441,249,311,367 |
| 기타장기금융부채 | 2,444,074,744,801 | 142,595,721,426 | 149,833,823,677 |

위 화면은 이마트의 2017년-2019년 재무상태표 일부다. HMM과 마찬가지로 2019년 사용권자산 1.7조 원, 리스부채기타장기 금융부채 2.4조 원이 새롭게 추가되었다. 그 결과 2019년 부채비율이 갑자기 상승했다.

* 단위 : 억 원, %, %p, 배    *분기 : 순액 기준

| 항목 | 2018/12 (IFRS연결) | 2019/12 (IFRS연결) | 2020/12 (IFRS연결) | 2021/12 (IFRS연결) | 2022/12 ➕ (IFRS연결) | 전년대비 (YoY) |
|---|---|---|---|---|---|---|
| ➕ 부채비율 | 89.15 | 106.68 | 112.83 | 151.95 | 146.24 | -5.70 |
| ➕ 유동부채비율 | 56.43 | 52.97 | 57.05 | 79.17 | 73.73 | -5.44 |
| ➕ 비유동부채비율 | 32.72 | 53.71 | 55.79 | 72.78 | 72.51 | -0.27 |
| ➕ 순부채비율 | 37.95 | 44.08 | 45.45 | 68.82 | 69.54 | 0.71 |

옆 화면은 이마트의 2019년 각종 부채비율이다. 2018년 대비 2019
년 부채비율이 상승했다. 사용권자산과 리스부채 회계 처리 규정의
영향이다.


## ▷ 해운업의 매출과 이익은 운임지수가 결정 ◁

(단위 : 백만 원)

| | 제 47 기 | 제 46 기 | 제 45 기 |
|---|---|---|---|
| 수익(매출액) | 18,582,770 | 13,794,148 | 6,413,270 |
| 매출원가 | 8,136,717 | 6,036,421 | 5,128,828 |
| 매출총이익 | 10,446,053 | 7,757,727 | 1,284,442 |
| 판매비와관리비 | 494,498 | 380,205 | 303,661 |
| 영업이익(손실) | 9,951,555 | 7,377,522 | 980,781 |

위 화면은 화물운송 업체인 HMM의 2020년(제45기)~2022년(제47기)
연결손익계산서 일부다. 2021년(제46기)에 매출과 영업이익이 전년
대비 급증했고, 2022년 사상 최대의 실적을 달성했다.

주식 IR 담당자에 의하면 50%가 넘는 영업이익률은 창사 이래 처음
이었다고 한다.

**이처럼 2021년 이후 매출과 영업이익이 급증했던 이유는 컨테이너**
**운임지수의 급등이 결정적이었다.**

가. 주요 제품 등의 현황(연결 기준)

| 사업부문 | 매출유형 | 품 목 | 구체적용도 | 당기 매출액<br>(백만원) | 전기 매출액<br>(백만원) | 전전기 매출액<br>(백만원) | 당기 매출액<br>비중(%) |
|---|---|---|---|---|---|---|---|
| 컨테이너 | 용역 | 컨테이너 운송 | 컨테이너 수송 | 17,305,012 | 12,948,738 | 5,661,438 | 93.12 |
| 벌크 | 용역 | 벌크화물 운송 | 벌크화물 수송 | 1,094,817 | 684,283 | 542,376 | 5.89 |
| 기타(*) | 용역 | 터미널 등 | 터미널운영 등 | 182,941 | 161,127 | 209,456 | 0.99 |
| 합계 | - | - | - | 18,582,770 | 13,794,148 | 6,413,270 | 100.00 |

(*) 연결회사는 터미널운영사업, 임대사업 등은 보고부문의 요건을 충족하지 않아 기타에 포
함하였습니다.

나. 주요 제품 등의 가격변동추이

| 사업부문 | 품 목 | 제47기 | 제46기 | 제45기 |
|---|---|---|---|---|
| 컨테이너부문(USD/TEU) | 컨테이너 운송 | 2,881.07 | 2,567.30 | 1,007.17 |
| 벌크부문(USD/MT) | 벌크화물 운송 | 26.95 | 19.64 | 15.65 |
| 벌크부문(USD/CBM) | 벌크화물 운송 | 51.36 | 12.88 | 12.61 |

위 화면은 HMM의 2022년 사업보고서에서 확인한 기업의 주요 제품별 매출 비중과 가격 변동 추이다.

매출의 93% 이상이 컨테이너 운송에서 발생하고 있으며, **2021년 컨테이너 운임지수는 2020년보다 2.5배 이상 급등했다. 2022년 역시 추가 상승하여 기업은 사상 최대의 실적을 낼 수 있었다.**

## ▷ 양호한 현금흐름으로 리스부채 상환 ◁

(단위 : 백만 원)

| | 2022.12.31 | 2021.12.31 | 2020.12.31 |
|---|---|---|---|
| 유형자산 | 4,122,651 | 3,200,641 | 2,299,924 |
| 무형자산 | 44,210 | 42,613 | 108,183 |
| 사용권자산 | 4,567,914 | 4,864,862 | 3,952,204 |
| 비유동충당부채 | 6,906 | 3,379 | 1,222 |
| 비유동리스부채 | 2,599,116 | 4,437,012 | 3,683,070 |
| 비유동종업원급여충당부채 | 12,997 | 9,848 | 11,033 |

옆 화면은 HMM의 2020년-2022년 재무상태표에서 확인한 비유동 사용권자산과 비유동 리스부채 내역이다. 화물을 운송하는 선박을 주로 리스해서 운용하고 있는 HMM의 사용권자산과 리스부채 규모가 2020년과 비교해서 2021년에 8천억 원 내외로 증가했다.

2021년 리스 사용료 지급 금액<sub>사용권자산에 대한 감가상각비</sub>보다 8천억 원 이상 많은 신규 리스 계약을 맺은 것으로 보인다. 그러나 2022년 사용권자산은 큰 변화가 없는데, 리스부채는 2조 원 가까이 감소했다.

다음 화면을 보자.

(단위 : 백만 원)

| | 제 47 기 | 제 46 기 | 제 45 기 |
|---|---|---|---|
| 영업활동현금흐름 | 11,318,868 | 7,505,033 | 1,408,546 |
| 당기순이익(손실) | 10,085,439 | 5,337,151 | 123,966 |
| 조정항목 | 1,121,337 | 2,187,276 | 1,301,584 |
| 이자수취(영업) | 204,128 | 11,618 | 9,469 |
| 이자지급(영업) | (62,884) | (32,136) | (26,690) |
| 배당금수취(영업) | 15,124 | 5,086 | 4,027 |
| 법인세납부(환급) | (44,276) | (3,962) | (3,810) |
| 재무활동현금흐름 | (3,601,353) | (718,212) | 1,155,460 |
| 신종자본증권의 발행 | 0 | 0 | 719,999 |
| 신종자본증권의 수익분배금 지급 | (32,714) | (96,218) | (87,600) |
| 차입금 | 5,248 | 836,180 | 1,827,252 |
| 차입금의 상환 | (77,358) | (241,285) | (61,205) |
| 사채의 증가 | 0 | 0 | 251,347 |
| 사채의 상환 | (59,171) | (57,872) | (86,522) |
| 리스부채의 지급 | (3,136,080) | (1,151,725) | (1,432,287) |

위 화면은 HMM의 2020년(제45기)-2022년(제47기) 사업보고서 현금흐름표 일부다. 2021년과 2022년 많은 이익을 통해서 영업활동현금흐름이 각각 7.5조 원과 11.3조 원으로 크게 개선된 것을 볼 수 있다.

재무활동현금흐름에서 2022년 리스부채의 지급상환 포함이 2조 원 가까이 증가한 것으로 볼 때, 풍부한 현금흐름을 바탕으로 차입금773억 원과 리스부채를 상환2조 원 내외한 것으로 파악할 수 있다.

일반 제조 업종에 속하는 기업의 경우에 매출이 급증하면 운전자본 부족매출채권, 재고자산 급증 영향으로 오히려 현금흐름이 악화된다. 그래서 부족한 현금을 외부에서 차입해야 하는 상황이 발생하는 경우가 많다.

그러나 HMM은 워낙 영업이익률50% 이상이 높고 원재료 구매가 한정유류되어 있는 관계로, 영업활동현금흐름이 크게 개선된 것이다.

(단위 : 백만 원)

| 과    목 | 제57기 | 제56기 | 제55기 |
|---|---|---|---|
| 기초 장부가액 | 364 | 463 | 619 |
| 당기 증가액 | - | 29 | 35 |
| 당기 감소액 | - | 0 | 0 |
| 무형자산상각비 | (172) | (163) | (165) |
| 기타증감 | 29 | 35 | (26) |
| 기말 장부가액 | 221 | 364 | 463 |

위 화면은 팬오션의 2022년(제57기) 사업보고서에서 확인한 연구개발비 현황이다. HMM 역시 비슷한 수준이다. 업종 특성상 특별한 연구개발활동이 필요하지 않은 것으로 판단된다.

## ▷ HMM의 실적을 알려면 컨테이너 운임지수(SCFI)를 보면 된다 ◁

앞에서 살펴봤듯이 HMM의 매출 대부분은 컨테이너 운송에서 발생하고 있다. 현재 매주 금요일 중국 상하이거래소에서 발표되는 **컨테이너 운임지수**Shanghai Containerized Freight Index : SCFI**를 참고하면, 우리는 HMM의 실적 예측이 충분히 가능하다.**

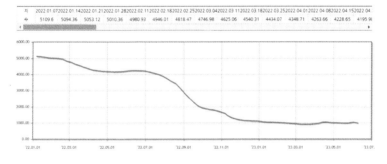

O  Shanghai Containerized Freight Index

상하이컨테이너 운임지수는 상하이거래소(Shanghai Shipping Exchange: SSE)에서 2005년 12월 7일부터 상하이 수출컨테이너 운송시장의 15개 항로의 스팟(spot) 운임을 반영한 운임지수이다. 기존에는 정기용선운임을 기준으로 하였으나 2009년 10월 16일부터는 20ft 컨테이너(TEU)당 미달러(USD)의 컨테이너 해상화물운임에 기초하여 산정하고 있다.

운송조건은 CY-CY조건이며 컨테이너의 타입과 화물의 상세는 General Dry Cargo Container로 한정짓고 있고, 개별항로의 운임율은 각 항로의 모든 운임율의 산술평균이며 해상운송에 기인한 할증 수수료가 포함되어 있다. 운임정보는 정기선 선사와 포워더를 포함한 CCFI의 패널리스트들에게 제공받고 있다.

| 지 | 2022.01.07 | 2022.01.14 | 2022.01.21 | 2022.01.28 | 2022.02.18 | 2022.02.25 | 2022.03.04 | 2022.03.11 | 2022.03.18 | 2022.03.25 | 2022.04.01 | 2022.04.08 | 2022.04.15 | 2022.04. |
| 수 | 5109.6 | 5094.36 | 5053.12 | 5010.36 | 4980.93 | 4946.01 | 4818.47 | 4746.98 | 4625.06 | 4540.31 | 4434.07 | 4348.71 | 4263.66 | 4228.65 | 4195.9 |

※ 출처 : Shanghai Shipping Exchange, SCFI

위 화면은 SCFI지수의 추이를 보여주고 있다. 2022년 하반기 이후 운임지수가 크게 하락한 것을 볼 수 있다. 이를 반영해서인지 2022년 사상 최대 실적에도 불구하고 주가는 크게 하락했다. 구글에서 SCFI

를 검색하면 한국관세물류협회www.kcla.kr에서 제공하고 있는 SCFI지수를 확인할 수 있다.

반면에 같은 업종에 속하는 팬오션은 매출의 상당 부분이 벌크선 운송에서 발생하고 있다.

(단위 : 백만 원)

| 제57기 | 벌크 | 비벌크 | 곡물사업 | 기타/미배분 | 내부거래제거 | 연결합계 |
|---|---|---|---|---|---|---|
| 매출액 | 4,823,826 | 987,049 | 702,018 | 266,969 | (359,550) | 6,420,312 |
| 영업이익 | 542,360 | 250,077 | (1,815) | 1,505 | (2,509) | 789,618 |
| 자 산 | 4,863,835 | 1,121,901 | 79,425 | 1,731,847 | (248,066) | 7,548,942 |
| 부 채 | 2,326,228 | 543,413 | 71,569 | 154,457 | (39,329) | 3,056,338 |

위 화면은 팬오션의 2022년 사업보고서에서 확인한 주요 제품 상세 내역이다. 전체 매출의 75%가 벌크선 운송에서 발생했다. **팬오션의 실적은 BDI발틱 운임지수를 참고하면 되며, BDI 역시 한국관세물류협회에서 확인이 가능하다.**

## ▷ 대한항공, 쌓여 있는 마일리지와 부담스러운 부채비율 ◁

다음 화면은 대한항공의 2022년 사업보고서 재무제표 주석에서 확인한 유형자산 변동 내역이다. HMM의 경우 재무상태표에서 사용권자산 계정과목으로 직접 확인할 수 있다.

| 구 분 | 기 초 | 취 득 | 사업결합으로 인한 취득 | 처 분 | 감가상각비 | 기타증감(*1) | 본계정대체 | 기 말 |
|---|---|---|---|---|---|---|---|---|
| 토지 | 1,944,017,372 | 3,706,999 | - | (1,249,331) | | 624,571,074 | - | 2,571,046,114 |
| 건물 | 1,096,918,871 | 633,940 | | (23,360) | (40,308,341) | 55,453,560 | - | 1,112,674,670 |
| 구축물 | 59,153,526 | 201,300 | - | | (7,826,055) | 17,394,625 | | 68,923,396 |
| 기계장치 | 113,974,574 | 4,296,612 | 9,180 | (3,678) | (10,685,405) | - | 5,130,356 | 112,721,639 |
| 항공기(*2) | 2,169,726,535 | 26,898,559 | 280,617,133 | (1,352,463) | (181,566,103) | (234,589,951) | 302,611,478 | 2,362,345,188 |
| 엔진 | 993,165,379 | 40,276,196 | - | (135,654) | (166,297,185) | 32,682,502 | 92,058,278 | 991,749,516 |
| 항공기재 | 1,087,899,730 | 304,663,554 | - | (28,143,559) | (203,820,761) | 11,320,372 | - | 1,171,919,336 |
| 기타유형자산 | 141,907,239 | 23,258,179 | 510,947 | (284,259) | (52,168,145) | 1,966,241 | 1,398,763 | 116,588,965 |
| 건설중인자산 | 934,059,174 | 348,260,360 | 31,939 | | | 328,440,233 | (867,347,230) | 743,444,476 |
| 사용권자산-항공기(*3) | 8,167,623,943 | 102,236,224 | 175,745,112 | (330,021) | (855,610,531) | (399,034,391) | 466,148,355 | 7,656,778,691 |
| 사용권자산-기타 | 205,637,859 | 161,305,236 | 6,180,998 | (127,706,868) | (76,248,668) | 1,725,938 | - | 170,894,495 |
| 합 계 | 16,914,084,202 | 1,015,737,159 | 463,095,309 | (159,229,193) | (1,594,531,194) | 439,930,203 | - | 17,079,086,486 |

　대한항공은 사용권자산 계정과목을 따로 두고 있지 않고, 전체 유형자산 계정과목에 포함시키고 있다. 재무제표 주석에서 사용권자산에 대한 자세한 내역을 확인할 수 있다. 단순한 표기상의 차이로 이해하면 될듯하다.

　대한항공 역시 리스로 많은 항공기를 도입해서 운항하고 있다. 전체 유형자산 17조 원 중 사용권자산항공기이 7.6조 원이다. 감가상각비의 경우에 전체 1.59조 원 중 리스 사용료인 사용권자산에 대한 감가상각비가 연간 8,556억 원이다. 리스부채 금액은 재무상태표에서 직접 확인할 수 있다.

| | 2022. 12. 31 | 2021. 12. 31 | 2020. 12. 31 |
|---|---|---|---|
| 유동부채 | 8,475,183,412,857 | 8,444,926,989,287 | 7,987,774,772,740 |
| 매입채무및기타채무 | 1,216,652,442,566 | 874,396,026,013 | 744,738,965,277 |
| 단기차입금 | 906,051,099,795 | 985,568,229,520 | 1,900,886,974,080 |
| 유동성장기부채 | 1,417,074,565,941 | 2,989,029,629,286 | 2,559,589,705,753 |
| 유동성리스부채 | 1,333,154,256,474 | 1,382,925,508,507 | 1,387,671,388,300 |
| 비유동부채 | 11,230,057,402,802 | 11,361,287,039,416 | 13,890,562,187,220 |
| 장기매입채무및기타채무 | 15,085,938,926 | 20,444,751,589 | 22,628,945,343 |
| 장기차입금 | 1,623,850,108,793 | 919,204,139,597 | 1,770,832,756,646 |
| 사채 | 1,830,528,490,723 | 1,058,231,364,539 | 1,244,413,950,919 |
| 자산유동화차입금 | 510,284,849,512 | 953,820,216,855 | 1,484,933,098,013 |
| 리스부채 | 3,516,366,637,691 | 4,218,089,921,764 | 5,189,531,594,034 |

위 화면은 대한항공의 2022년 사업보고서 재무상태표에서 확인한 유동성 리스부채와 비유동 리스부채 금액이다.

사용권자산 잔액이 7.6조 원인 데 반해 리스부채 총 금액이 4.8조 원인 것으로 볼 때, 리스부채를 일부 중도 상환한 것으로 파악된다.

| | 2022. 12. 31 | 2021. 12. 31 | 2020. 12. 31 |
|---|---|---|---|
| 재무활동으로 인한 현금흐름 | (2,698,028,313,107) | (1,211,218,258,654) | (858,149,389,978) |
| 단기차입금의 순증감 | (220,638,767,675) | (215,604,857,680) | 1,029,865,552,869 |
| 유동성장기부채의 상환 | (3,291,318,520,041) | (2,623,448,643,110) | (2,716,259,493,445) |
| 유동성리스부채의 상환 | (1,461,745,217,056) | (1,419,966,491,429) | (1,543,001,847,269) |

위 화면은 대한항공의 2022년 사업보고서에서 확인한 재무활동현 금흐름 일부다. 2020년부터 매년 1.4~1.5조 원 정도 리스부채를 상 환<sub>리스 사용료인 사용권자산에 대한 감가상각비 포함</sub>하고 있다.

사용권자산에 대한 감가상각비가 2022년 8,556억 원 발생한 것으로 볼 때, 나머지 차액이 리스부채의 상환인 것으로 보인다. 2021년과 2022년은 유상증자를 통해서 조달한 자금으로 리스부채를 상환한 것으로 파악된다.

(2) 당기와 전기 중 주식발행초과금의 변동내역은 다음과 같습니다.

(단위 : 천 원)

| 구 분 | 당기 | 전기 |
|---|---|---|
| 기초 | 1,442,149,645 | 719,665,710 |
| 유상증자로 인한 증가(*) | 2,431,705,239 | 722,483,935 |
| 기말 | 3,873,854,884 | 1,442,149,645 |

(*) 당기와 전기 중 유상증자 실시로 각각 보통주 173,611,112주 및 79,365,079주를 발행하였습니다.

위 화면은 대한항공의 2020년(전기)−2021년(당기) 유상증자로 인한 주식 발행금 변동 내역이다. 2020년과 2021년 유상증자로 각각 7,224억 원과 2조 4,317억 원을 주주로부터 자금을 조달했다.

## ▷ 마일리지의 증가는 대한항공에 악재인가? ◁

고객이 항공권을 구입할 때 적립해주는 마일리지는 재무제표상 이연수익으로 표기되면서 부채로 인식된다.

예를 들어 고객이 200만 원짜리 항공권을 구매할 때 5%인 10만 원을 마일리지로 적립해준다고 가정해보자. 이 경우에 대한항공의 매출액은 200만 원이 아닌 마일리지를 제외한 190만 원이 되고, 10만 원은 이연수익이라는 부채로 인식된다. 고객이 추후 마일리지를 사용했을 때 부채에서 차감되고 수익으로 인식된다.

백화점 및 대형 할인마트가 발행하는 상품권 역시 부채로 인식되고, 고객이 상품권을 사용했을 때 수익으로 인식된다. **따라서 마일리지가 쌓일수록 부채는 증가하게 된다.**

(단위 : 원)

| | 2022. 12. 31 | 2021. 12. 31 | 2020. 12. 31 |
|---|---|---|---|
| 유동성이연수익 | 518,536,051,248 | 311,821,094,015 | 411,721,210,499 |
| 초과청구공사 | 14,536,672,014 | 18,321,503,511 | 34,007,079,845 |
| 당기법인세부채 | 747,104,508,846 | 230,260,026,500 | 93,946,500,741 |
| 기타유동금융부채 | 263,111,757 | 4,121,883,918 | 6,267,840,000 |
| 기타유동부채 | 2,033,062,915,732 | 1,460,735,327,520 | 716,952,567,498 |
| 매각예정부채 | | 48,655,411,249 | 54,485,699,688 |
| 비유동부채 | 11,230,057,402,802 | 11,361,287,039,416 | 13,890,562,187,220 |
| 장기매입채무및기타채무 | 15,085,938,926 | 20,444,751,589 | 22,628,945,343 |
| 장기차입금 | 1,623,850,108,793 | 919,204,139,597 | 1,770,832,756,646 |
| 사채 | 1,830,528,490,723 | 1,058,231,364,539 | 1,244,413,950,919 |
| 자산유동화차입금 | 510,284,849,512 | 953,820,216,855 | 1,484,933,098,013 |
| 리스부채 | 3,516,366,637,691 | 4,218,089,921,764 | 5,189,531,594,034 |
| 순확정급여부채 | 1,462,018,725,950 | 1,622,480,640,244 | 1,605,300,674,247 |
| 충당부채 | 72,121,596,822 | 139,707,318,411 | 217,843,484,085 |
| 이연수익 | 2,030,113,277,939 | 2,265,466,233,085 | 2,044,193,035,127 |
| 파생상품부채 | 2,288,265,629 | 1,650,496,872 | 114,826,393,691 |
| 이연법인세부채 | 95,563,386,067 | 26,601,387,073 | 22,813,090,427 |
| 기타금융부채 | 12,471,071,446 | 39,488,131,647 | 44,425,481,850 |
| 기타부채 | 59,365,053,304 | 96,102,437,740 | 128,819,682,838 |
| 부채총계 | 19,705,240,815,659 | 19,806,214,028,703 | 21,878,336,959,960 |

옆 화면은 대한항공의 2022년 사업보고서 재무상태표 일부다. 전체 부채 19.7조 원 중 12.6%인 2.5조 원이 마일리지가 쌓인 이연수익이다.

따라서 마일리지가 늘어날수록 대한항공의 부채비율은 올라가게 된다. 그런 이유로 항공사는 고객이 마일리지를 최대한 빨리 많이 사용하기를 원한다.

반대로 마일리지가 쌓일수록 현금흐름은 개선된다. 마일리지가 추가로 증가했다는 의미는 고객이 항공권을 구매했다는 의미기 때문이다. 즉 항공권 판매로 대한항공에는 그에 해당하는 현금이 유입되는 것이다. 이마트가 판매하는 상품권을 생각하면 쉽게 이해가 될 것이다.

**마일리지는 착한 부채로 인식되는 선수금**계약부채**처럼 마일리지의 증가는 재무제표상으로는 부채비율**자본 대비 부채총액 증가**을 증가시켜서 반갑지 않은 손님으로 보이지만, 실제로는 환영해야 하는 일이다.**

# ▷ 재무제표로 본 대한항공의 이익이 증가하는 시기 ◁

|  |  | (단위 : 천 원) |
| --- | --- | --- |
| 구 분 | 당기 | 전기 |
| 급여(*1) 및 퇴직급여 | 2,002,912,072 | 1,563,838,445 |
| 복리후생비 | 476,458,041 | 389,914,905 |
| 감가상각비 및 무형자산상각비 | 1,649,736,084 | 1,695,364,536 |
| 임차료(*2) | 35,208,310 | 19,915,319 |
| 연료유류비 | 4,136,238,402 | 1,786,080,656 |
| 공항관련비 | 717,468,639 | 627,009,681 |
| 객화서비스비 | 393,253,522 | 250,085,811 |
| 판매수수료 | 91,237,897 | 37,667,222 |
| 지급수수료 | 333,526,705 | 172,361,592 |
| 제세공과금 | 98,214,435 | 89,090,897 |
| 기타 | 1,331,253,958 | 967,526,943 |
| 합 계(*3) | 11,265,508,065 | 7,598,856,007 |

위 화면은 대한항공의 2022년 사업보고서 재무제표 주석에서 확인한 비용의 성격별 분류다. 2022년(당기) 전체 비용 11.2조 원 중 40% 가까운 금액이 연료유류비다. 따라서 국제유가가 하락하는 시기에 기업의 이익은 증가하게 된다.

또한 고정비인 직원 급여와 감가상각비도 4.1조 원이나 된다. 고정비 역시 많은 관계로, 일단 매출여객 및 화물 수요이 증가해야 한다.

참고로 항공사의 경우에는 낮은 연구개발 비용이 특징이다. 매출액 대비 연구개발비 비중이 1%가 채 되지 않는 기업이 많다. 업종 특성상 많은 연구개발활동이 필요하지 않다고 할 수 있다.

| | | | |
|---|---|---|---|
| 외화단기차입금 | 한국산업은행 | 3M SOFR + 1.90% ~ 2.43% | 378,922,700 |
| | | 3M EURIBOR + 1.65% | 108,096,000 |
| | | – | – |
| | (주)국민은행 | 3M SOFR + 2.30% ~ 2.71% | 90,016,509 |
| | | – | – |
| | (주)하나은행 외 | 3M SOFR + 2.21% ~ 2.50% | 43,669,891 |
| | | 2.70% | 25,346,000 |
| | | – | – |
| 소 계 | | | 646,051,100 |

| | | | | |
|---|---|---|---|---|
| 외화장기차입금 | 한국산업은행 | 3M EURIBOR + 1.65% | 2024-04-07 | 94,584,000 |
| | | 3M LIBOR + 2.00% | 2025-09-30 | 57,503,738 |
| | 신한은행(주)(*1) | 1M SOFR + 2.17% | 2027-05-09 | 50,692,000 |
| | | 2.56% | 2024-06-28 | 38,019,000 |
| | | 3M LIBOR + 2.37% | 2023-10-27 | 38,019,000 |
| | Standard Chartered Bank | 3M SOFR + 3.80% | 2025-09-23 | 506,920,000 |
| | 중국교통은행(*2) | 3M LIBOR + 2.30% | 2023-08-28 | 25,690,156 |
| | 한국수출입은행 외 | 3M LIBOR + 2.20% ~ 2.51% | 2024-06-28 | 40,939,113 |
| | | – | | – |
| 소 계 | | | | 852,367,007 |

위 화면은 대한항공의 2022년도 말 장단기 외화차입금 현황이다. 1.5조 원에 달하는 외화차입금으로 원·달러 환율이 하락해야 금융 비용달러 이자 감소로 이익이 증가할 수 있다.

또한 달러베이스로 항공기를 도입하거나 리스로 운용하고 있다. 유류 역시 달러베이스로 도입하기 때문에 원·달러 환율이 하락해야 이익이 증가하는 구조다. **대표적인 환율 하락**원화 강세 **수혜 업종이 바로 여객운송 업체다.**

# **5. 정유, 석유화학**

## 회사의 이익이
## 증가하는 시기는 따로 있다

S-Oil, 롯데케미칼

▷ **정유 회사, 대규모 장치 산업 & 미미한 연구개발활동** ◁

(단위 : 백만 원)

| 구 분 | 토 지 | 건 물 | 구축물 | 기계장치 | 차량운반구 | 기타의 유형자산 | 촉 매 | 건설중인 자산 | 합 계 |
|---|---|---|---|---|---|---|---|---|---|
| 2022년 1월 1일 | | | | | | | | | |
| 원가 | 1,760,455 | 517,631 | 1,967,025 | 8,256,057 | 11,264 | 806,572 | 776,048 | 794,513 | 14,889,565 |
| 감가상각누계액 | - | (124,526) | (757,405) | (3,440,467) | (10,432) | (417,380) | (574,516) | | (5,324,726) |
| 순장부금액 | 1,760,455 | 393,105 | 1,209,620 | 4,815,590 | 832 | 389,192 | 201,532 | 794,513 | 9,564,839 |
| 2022년 기중 변동액 | | | | | | | | | |
| 기초 순장부금액 | 1,760,455 | 393,105 | 1,209,620 | 4,815,590 | 832 | 389,192 | 201,532 | 794,513 | 9,564,839 |
| 취 득 | - | 84 | 39 | 10 | 387 | 84,020 | 165,625 | 372,889 | 623,054 |
| 대 체 | - | 2,190 | 15,198 | 10,148 | 7 | 104,112 | 19,600 | (128,604) | 22,651 |
| 처 분 | (11,681) | (658) | (2,647) | (725) | - | (449) | - | - | (16,160) |
| 감가상각비 | - | (13,103) | (74,726) | (206,446) | (391) | (117,987) | (167,439) | | (580,092) |
| 감액손실 | - | (1,261) | - | (25,000) | - | - | - | | (26,261) |
| 환율변동효과 | - | - | - | - | - | 1 | | | 1 |
| 기말 순장부금액 | 1,748,774 | 380,357 | 1,147,484 | 4,593,577 | 835 | 458,889 | 219,318 | 1,038,798 | 9,588,032 |

옆 화면은 S-Oil의 2022년 재무제표 주석에서 확인한 유형자산 변동 내역이다. 전통적인 장치 산업인 관계로, 10조 원 가까운 유형자산을 보유하고 있다. 보유하고 있는 유형자산 규모에 비해 매년 발생하는 감가상각비는 5,000억 원대다.

특히 생산설비에서 발생하는 감가상각비가 타 제조 업종에 속하는 기업들에 비해 상당히 적다. 생산하고 있는 정유 제품이 생산설비의 사용 기간과 큰 상관관계가 없는 관계로, 생산설비기계장치의 내용연수가 제조업 기업 중 긴 편에 속한다고 할 수 있다.

또한 업종 특성상 연구개발비는 매년 100억 원대로, 매출 규모에 비해 미미하다.

| 구　　분 | 추정 경제적 내용연수 |
|---|---|
| 건　　물 | 20년 ~ 40년 |
| 구 축 물 | 20년 ~ 40년 |
| 기 계 장 치 | 15년 ~ 30년 |
| 차량운반구 | 5년 |
| 기타의유형자산 | 3년 ~ 5년 |
| 촉　　매 | 생산량비례법 |

위 화면은 S-Oil의 2022년 사업보고서 재무제표 주석에서 확인한 유형자산의 내용연수다. 생산설비와 관련된 구축물과 기계장치의 내용연수가 각각 20~40년, 15~30년임을 확인할 수 있다.

| 과 목 | 추정내용연수 |
|---|---|
| 건물 | 10 ~ 50년 |
| 구축물 | 10 ~ 20년 |
| 기계장치 | 5 ~ 15년 |
| 차량운반구 | 5 ~ 10년 |
| 기타의유형자산 | 5 ~ 10년 |

위 화면은 SK하이닉스의 2022년 사업보고서 재무제표 주석에서 확인한 유형자산 내용연수다. S−Oil과는 다르게 구축물과 기계장치의 내용연수가 각각 10~20년, 5~15년으로 짧다. 따라서 S−Oil과는 다르게, 매년 생산설비에서 대규모 감가상각비가 발생하고 있다.

## ▷ 국제유가의 변동에 따라 이익이 결정되는 정유 회사 ◁

(단위 : 백만 원)

| 구 분 | 당 기 | 전 기 |
|---|---|---|
| 원재료 및 상품의 사용 | 35,504,426 | 22,461,945 |
| 제품, 반제품 및 상품의 변동 | (271,798) | (568,540) |
| 종업원급여 | 451,738 | 388,894 |
| 전기및광열비 | 1,709,813 | 1,548,909 |
| 감가상각 및 무형자산 상각 | 586,326 | 590,863 |
| 사용권자산상각비 | 63,526 | 60,940 |
| 운 반 비 | 293,653 | 248,276 |
| 광 고 비 | 13,181 | 10,511 |
| 기타비용 | 689,997 | 581,178 |
| 매출원가, 판매비 및 관리비 합계 | 39,040,862 | 25,322,976 |

옆 화면은 S-Oil의 2022년 사업보고서 재무제표 주석에서 확인한 비용의 성격별 분류다. 2022년(당기) 전체 비용 39조 원 중 무려 90% 이상인 35.2조 원이 원재료원유 비용이다. 따라서 국제유가의 변동에 기업 이익이 결정되는 구조다.

한 가지 특이한 부분은 원재료 비용 다음으로 큰 비용이 전기 및 광열비다. 휘발유, 등유, 경유, 납사 등 S-Oil이 생산하는 제품은 원유를 가열해서 끓는점의 차이에 따라 생산되기 때문에 전기 및 광열비가 큰 비중을 차지하는 것이다.

**일반 제조 기업이라면 보통은 원재료 가격이 하락해야 스프레드 확대로 회사의 이익이 증가한다. 그런데 정유 회사의 경우에는 거꾸로 원재료인 원유의 가격이 상승하는 시기에 기업의 이익이 증가한다.**

왜 그런지 이제 살펴보도록 하자.


## ▷ 정유 회사 주식의 매수 타이밍을 찾아라 ◁

### 가. 원재료 가격 하락이 반갑지 않은 이유, 정유 회사의 리드타임

제품을 생산하는 데 소요되는 시간인 리드타임은 정유 회사의 경우에 대략 45일 전후다. 즉 원유를 산유국에서 선적해서 국내에 들여와서 원유를 끓여 휘발유, 등유, 경유, 납사 등 제품을 생산하는 데 소요되는 시간이 45일 전후라는 얘기다. 45일이라는 리드타임으로 인해 정유 회사의 이익은 국제유가의 가격 변동 영향을 직접적으로 받게 된다.

예를 들어 산유국에서 원유를 수입하여 배에 선적했을 때, 국제유가가 배럴당 50달러였다고 가정해보자. 그런데 국내에 들여와 제품을 생산했을 때 국제유가가 배럴당 30달러로 하락하게 되면, 판매 제품 가격은 국제유가의 하락 영향으로 함께 하락하게 되어 적자가 발생한다.

만일 국제유가가 100달러에서 30달러로 1년간 장기 하락한다면, 정유 회사의 적자는 더욱 커지게 된다. 반대로 국제유가가 꾸준히 상승하면 기업의 이익은 확대된다.

재고자산을 매출원가에 반영하는 방법은 선입선출법과 평균법이 있다. 선입선출법은 말 그대로 원재료를 도입한 순서대로 매출원가에 반영하는 방법이고, 평균법은 매출이 발생할 때마다 원재료의 평균 도입단가를 사용하는 방법이다.

따라서 선입선출법이 평균법보다 국제유가 변동에 따른 기업의 이익 변화가 더 크게 된다. S-Oil은 선입선출법을 사용하고 있으며, SK 이노베이션은 평균법을 사용하고 있다.


**나. 국제유가 변화에 따른 정유 회사의 이익 변동**

다음 내용은 증권업 종사자로서 필자의 개인적인 경험에 바탕을 두고 있다. 국제유가의 변동에 따른 정유 회사들의 이익이 다음 설명과 항상 일치하는 것은 아니며, 다른 전문가는 전혀 다른 주장을 할 수 있음을 미리 밝혀 둔다.

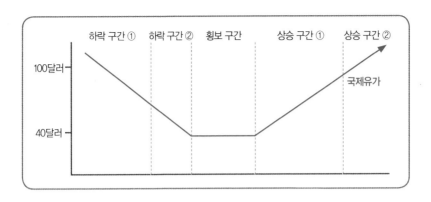

**하락 구간 ①(100달러 이상~60달러)** : 국제유가가 이전의 상승 국면을 마무리하고 하락으로 돌아서면 정유 회사의 이익이 급감하고, 곧바로 적자로 전환한다. 경험상 주가는 유가가 하락을 시작하기 이전, 또는 하락 초기에 크게 하락하는 경우가 많다.

**하락 구간 ②(50~30달러)** : 대략 국제유가가 50달러를 하회하기 시작하면 정유 회사의 손실 폭이 감소하기 시작한다. 국제유가가 2020년 코로나19 팬데믹이라는 특수한 시기를 제외하고는 30달러 이하로 하락한 적이 지난 10년간 없었다. 정유 회사 주가는 선반영되어 이미 바닥을 지나는 경우가 많다. 적절한 시기에 주식을 매수하기 좋은 시기다.

**횡보 구간(40달러 전후)** : 국제유가의 하락이 멈추면 정유 회사는 적자를 멈추고 다시 이익을 내기 시작한다. 정유 회사 고유의 영업 능력인 정제마진에 의해서 이익이 나기 시작하는 것이다. 아직 주식을 매수하기에 늦지 않은 시기인 경우가 많다.

**상승 구간 ①(40~100달러)** : 국제유가가 상승하기 시작하면서 정유 회사의 이익이 급증하기 시작한다. 경험상 이 시기에 주가도 가파르게 상승하는 경우가 많다.

**상승 구간 ②(90~100달러 이상)** : 정유 회사의 이익이 감소하기 시작하는 구간이다. 국제유가가 추가로 상승해도 정유 회사는 원재료 가격의 상승을 제품 가격으로 전가하는 일이 한계 상황(정부의 물가 안정 정책 등에 의해)에 이르게 된다. 이 시기에 주가는 이미 고점을 형성하는 경우가 많다. 국제유가가 하락 반전하기 시작하면 정유 회사는 보통의 경우 적자로 전환한다.

실제 국제유가, S-Oil 기업 실적, 주가 흐름을 확인해보자.

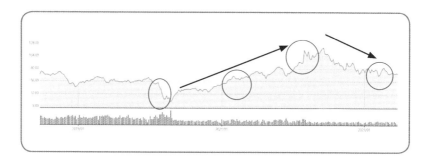

위 화면은 WTI서부텍사스산 원유의 지난 5년간 유가 차트다. 코로나19 팬데믹 이후 본격 상승해서 2022년 중순까지 지속 상승했다가, 2022

년 하반기 하락 후, 2023년은 횡보하는 것을 볼 수 있다.

같은 기간 S-Oil의 기업 실적을 확인해보자.

(단위 : 백만 원)

|  | 제 48 기 | 제 47 기 | 제 46 기 |
|---|---|---|---|
| 매출액 | 42,446,028 | 27,463,918 | 16,829,681 |
| 매출원가 | 38,291,440 | 24,695,192 | 17,366,204 |
| 매출총이익(손실) | 4,154,588 | 2,768,726 | (536,523) |
| 판매비와관리비 | 749,422 | 627,784 | 562,623 |
| 영업이익(손실) | 3,405,166 | 2,140,942 | (1,099,146) |

위 화면은 S-Oil의 2020년(제46기)-2022년(제48기) 연결손익계산서 일부다. 2020년 1조 원 영업적자, 2021년 2.1조 원 영업이익, 2022년 3.4조 원 영업이익을 냈으나 분기별 기업 실적에 대한 설명이 필요해 보인다.

2020년 코로나19 팬데믹 발생으로 국제유가가 사상 최대의 폭락을 보인 2020년 1분기에만 1조 원의 영업적자를 기록했다. 다시 반등했으나 이전 유가 수준보다는 여전히 저유가를 유지했다. 40달러대에 머물렀던 2020년 2분기와 3분기에는 1천억 원 내외의 영업적자를, 재차 반등을 시작한 4분기에 1천억 원 내외의 영업이익을 냈다.

본격적인 유가 상승이 시작된 2021년 분기별로 5~6천억 원대의 영업이익을 냈고, 대략 6개월 만에 60달러대에서 120달러대까지 수직 상승한 2022년 상반기에 3조 원의 영업이익을 냈다.

유가가 하락하기 시작한 2022년 3분기에는 영업이익이 축소, 4분기에 영업적자로 전환했다. 국제유가가 70~80달러 박스권에 머물렀던 2023년 1분기 정유 회사 고유의 정제 마진이 부각되면서, 다시금 5천억 원대의 영업이익을 냈다.

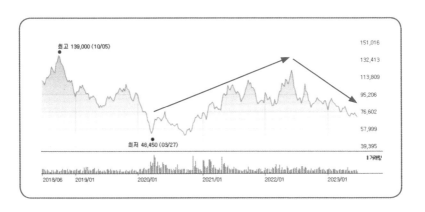

위 화면은 S-Oil의 지난 5년간 주가 차트다. 국제유가와 주가가 거의 비슷한 흐름을 보이고 있음을 확인할 수 있다.

**2023년 1분기 이후 국제유가가 추가로 하락해서 만일 50달러를 하회하기 시작하는 구간이 온다면, S-Oil 주가의 적절한 매수 타이밍이라고 필자는 판단한다.**

# ▷ 석유화학 회사, 대규모 장치 산업 & 미미한 연구개발활동 ◁

(단위 : 천 원)

| 구분 | 기초금액 | 취득 | 처분 | 감가상각비 | 손상차손(주1) | 대체(주2) | 사업결합(주3) | 환율변동 | 기업회계기준서 제1029호 효과(주4) | 기타(주5) | 기말금액 |
|---|---|---|---|---|---|---|---|---|---|---|---|
| 토지 | 894,975,928 | 95,874,189 | - | - | - | 65,784,036 | 425,280,992 | (2,740,540) | 12,095,244 | - | 1,431,269,849 |
| 건물 | 539,311,507 | 1,244,777 | (2,070,017) | (28,575,871) | (5,793,798) | 23,671,719 | 132,232,246 | (372,097) | 24,230,765 | (3,221,214) | 682,658,017 |
| 구축물 | 1,241,949,784 | 58,702 | (19,164) | (85,784,467) | (1,697,689) | 89,157,196 | 95,101,220 | 85,387,465 | 442,828 | (18,634,474) | 1,385,959,401 |
| 기계장치 | 3,703,842,140 | 8,475,952 | (8,203,079) | (490,876,233) | (99,016,616) | 521,180,014 | 587,254,835 | 148,368,549 | 27,864,487 | (44,708,478) | 4,338,381,551 |
| 차량운반구 | 1,085,482 | 127,065 | (31,793) | (784,963) | (38,052) | 138,962 | 195,018 | 128 | 28,886 | - | 1,300,713 |
| 공구와기구 | 28,217,132 | 572,112 | (189,322) | (11,365,578) | (221,856) | 24,721,458 | 3,641,115 | 54,888 | - | - | 45,449,951 |
| 비품 | 28,851,878 | 1,243,528 | (57,194) | (14,863,778) | (78,824) | 15,845,374 | 7,454,119 | (46,828) | 625,957 | - | 38,974,232 |
| 기타의유형자산 | 279,215,479 | 1,911,943 | (1,199,542) | (174,059,412) | (1,720,498) | 272,071,970 | - | 8,648,297 | 39,552 | (2,231,534) | 382,676,255 |
| 건설중인자산 (주6) | 785,339,107 | 2,584,818,430 | - | - | | (1,002,899,437) | 59,708,364 | (4,503,897) | 305,724 | (1,252,215) | 2,421,314,076 |
| 합계 | 7,503,388,417 | 2,634,122,698 | (9,750,111) | (804,110,300) | (108,585,333) | 9,871,292 | 1,290,867,909 | 214,795,985 | 65,831,423 | (70,047,915) | 10,725,984,045 |

위 화면은 롯데케미칼의 사업보고서 재무제표 주석에서 확인한 2022년 유형자산 변동 내역이다. 대규모 장치 산업답게 2022년 신규 설비투자취득가 2.6조 원이다. 롯데정밀화학 및 그 종속 기업의 신규 연결편입사업 결합 효과로 1.3조 원이 추가로 증가하여, 연말 유형자산 총 규모는 10.7조 원이다.

석유화학 제품을 대량 생산하는 업종 특성상 매출액 대비 연구개발비 비중은 0.5% 내외로, 정유 업체와 비슷하게 미미한 수준이다.

## ▷ 높은 원재료 ◁

| | | | (단위 : 천 원) |
|---|---|---|---|
| 계정과목 | 판매비와관리비 | 매출원가 | 합 계 |
| 재고자산의 변동 | – | 286,466,809 | 286,466,809 |
| 재고자산 매입액 | – | 18,165,943,795 | 18,165,943,795 |
| 급여 | 214,975,653 | 371,376,746 | 586,352,399 |
| 퇴직급여 | 17,045,302 | 32,619,762 | 49,665,064 |
| 복리후생비 | 43,220,812 | 84,166,765 | 127,387,577 |
| 감가상각비 | 31,271,887 | 817,148,804 | 848,420,691 |
| 무형자산상각비 | 20,133,472 | 79,363,296 | 99,496,768 |
| 지급수수료 | 110,043,218 | 201,629,464 | 311,672,682 |
| 운반보관료 | 348,244,521 | 759,190,080 | 1,107,434,601 |
| 기타 | 260,959,129 | 1,194,890,232 | 1,455,849,361 |
| 합 계 | 1,045,893,994 | 21,992,795,753 | 23,038,689,747 |

위 화면은 롯데케미칼의 2022년 사업보고서 재무제표 주석에서 확인한 비용의 성격별 분류다. 전체 비용 23조 원 중 80%인 18.4조 원이 원재료 비용이다.

따라서 롯데케미칼의 이익이 증가하기 위해서는 납사 등 주요 원재료 가격과 석유화학 제품 가격의 차이가 가장 중요하다.

이제 롯데케미칼 기업의 이익이 증가하는 시기를 알아보자.

## ▷ 석유화학 기업의 이익 증가 시기 ◁

다음 내용 역시 필자의 개인적인 경험에 의존한 내용임을 먼저 밝혀 둔다. 석유화학 기업의 주 원재료인 납사는 정유 회사가 생산하는 제품이다. 따라서 이론적으로는 국제유가가 하락하는 시기에 원재료인 납사 가격 하락으로, 기업의 이익이 증가할 것으로 판단하기 쉽다.

그러나 **국제유가가 하락이 아닌 상승하는 시기에, 석유화학 기업의 이익이 크게 증가하는 경우가 많다.**

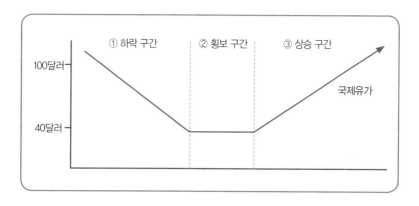

① **하락 구간(100달러 이상~40달러)** : 국제유가 하락에 따라 원재료인 납사 가격도 하락한다. 주로 경기 둔화에 따라 국제유가가 하락하는 경우가 많은 관계로, 석유화학의 제품 가격 약세와 리드타임(비싼 원재료를 사용했기 때문에)에 의해 정유 업체와 마찬가지로 오히려 석유화학 기업의 제품 스프레드가 나빠진다. 꾸준한 설비투자와 제품 고도화 작업으로 인해 발생되는 감가상각비는 매년 증가하는 경향이 있다. 따라서 보통의 경우 국제유가가 하락하는 시기에 기업의 영업이익은 감소하고, 적자로 전환한다.

② **횡보 구간(40달러 전후) :** 원재료인 납사 가격이 더 이상 하락하지 않는 횡보 구간에서, 석유화학 기업들의 진짜 실력이 나타난다. 제품 고도화 정도에 따라 기업 간 제품 스프레드에 차이가 생기는 구간이다. 석유화학 기업의 이익은 감소에서 다시 증가로 반전하는 구간이다. 석유화학 기업의 주식 매수 타이밍이다.

③ **상승 구간(40달러~100달러 이상) :** 과거 국제유가가 상승한다는 의미는 정치적인 이슈를 배제하면 글로벌 경기 회복을 의미하는 경우가 많다. 따라서 원재료인 납사 가격도 상승하지만 경기 회복과 리드타임 효과까지 더해져서, 석유화학의 제품 가격이 더 많이 상승한다. 그런 관계로 석유화학 기업의 이익이 크게 증가하고, 주가도 본격적인 상승으로 이어진다. 그러나 국제유가가 90달러를 넘어가면 정유 업체처럼 석유화학 기업의 이익도 감소하기 시작하는 경우가 많다.

실제 국제유가, 롯데케미칼 기업 실적, 주가 흐름을 확인해보자.

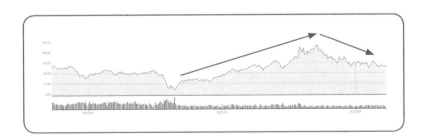

옆 화면은 WTI서부텍사스산 원유의 지난 5년간의 유가 차트다. 코로나19 팬데믹 이후인 2020년부터 본격 상승하기 시작했다가, 2022년 중순 이후 하락 반전한 것을 확인할 수 있다.

해당 시기 롯데케미칼의 기업 실적을 확인해보자.

(단위 : 원)

| | 제 47 기 | 제 46 기 | 제 45 기 |
|---|---|---|---|
| 매출 | 22,276,082,763,692 | 18,120,462,422,756 | 12,223,031,551,258 |
| 매출원가 | 21,992,795,753,199 | 15,656,512,541,624 | 11,069,734,022,497 |
| 매출총이익 | 283,287,010,493 | 2,463,949,881,132 | 1,153,297,528,761 |
| 판매비와관리비 | 1,045,893,994,409 | 928,308,992,238 | 796,386,247,615 |
| 영업이익(손실) | (762,606,983,916) | 1,535,640,888,894 | 356,911,281,146 |

위 화면은 롯데케미칼의 2020년(제45기)-2022년(제47기) 연결손익계산서 일부다. 코로나19 팬데믹으로 인해 상반기 급락했던 국제유가가 하반기 상승 반전한 2020년에도 이익을 냈다.

그리고 본격적인 상승 시기였던 2021년 1.5조 원의 영업이익을 냈다. 2022년 국제유가가 하락 반전하자, 7,626억 원 영업적자로 전환했다.

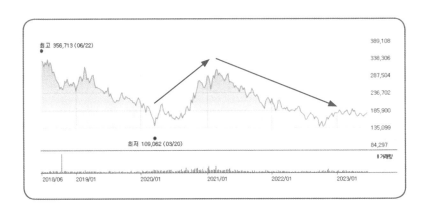

위 화면은 롯데케미칼의 지난 5년간 주가 차트다. 기업 실적을 선반영하여 주가는 2020년 크게 상승했고, 2021년 상반기에 고점을 기록하고 최근 2년 이상 하락했다.

물론 국제유가, 석유화학 기업의 실적과 주가가 항상 위의 예와 같은 패턴을 보이는 것은 아니다. 다만 필자의 20년 이상 증권업계에서의 근무 경험상, 위와 같은 흐름을 보이는 경우가 많다는 설명이다.

# 6. 철강, 금속

## 경기 예측이
## 가장 어려운 업종

현대제철, 고려아연

## ▷ 자본 집약적 산업, 낮은 연구개발비 ◁

(단위 : 천 원)

| 구 분 | 기 초 | 취 득 | 처 분 | 상 각 | 손 상(*1) | 기타증감(*2) | 환율변동효과 | 기 말 |
|---|---|---|---|---|---|---|---|---|
| 토지 | 3,582,818,248 | 497,603 | – | – | – | 98,807 | 30,974 | 3,583,445,632 |
| 건물 | 3,104,847,467 | 6,010,479 | (2,294,846) | (145,769,466) | (297,097) | 25,377,582 | 2,363,943 | 2,990,238,062 |
| 구축물 | 1,535,280,199 | 740,767 | (13,234) | (93,445,954) | (695,923) | 145,672,567 | (52,839) | 1,587,485,583 |
| 기계장치 | 9,544,941,023 | 3,278,368 | (24,844,587) | (1,131,228,405) | (17,010,689) | 511,893,475 | 325,694 | 8,887,354,879 |
| 차량운반구 | 36,970,268 | 1,730,408 | (517,712) | (6,834,402) | – | 677,951 | 31,905 | 32,058,418 |
| 공기구비품 | 213,108,097 | 4,775,282 | (806,853) | (76,330,057) | (351,372) | 89,831,482 | 8,980 | 230,235,559 |
| 건설중인자산 | 1,233,459,769 | 995,382,305 | (1,571,470) | – | – | (782,949,615) | (82,463) | 1,444,238,526 |
| 합 계 | 19,251,425,071 | 1,012,415,212 | (30,048,702) | (1,453,608,284) | (18,355,081) | (9,397,751) | 2,626,194 | 18,755,056,659 |

위 화면은 현대제철의 2022년 사업보고서 재무제표 주석에서 확인
한 유형자산 변동 내역이다. 2022년도 말 18.7조 원의 유형자산을 보

유하고 있으며, 1조 원 이상 신규로 유형자산을 취득했다.

매년 발생하는 감가상각비 또한 1조 원을 훌쩍 넘는 금액이다. 비교적 단순 제품을 대량 생산하는 업종 특성상 대규모 연구개발이 필요하지 않은 관계로, 매년 연구개발비는 2천억 원대로 매출액 대비 1%에 미치지 못하는 수준이다.

## ▷ 높은 원재료 ◁

| | | (단위 : 천 원) |
|---|---|---|
| 구 분 | 당 기 | 전 기 |
| 원재료, 저장품 및 상품 사용액 | 16,043,333,245 | 13,462,227,218 |
| 재고자산의 변동 | (139,541,741) | (1,060,063,794) |
| 종업원급여 | 1,818,016,808 | 1,413,647,027 |
| 감가상각비와 기타자산상각비 | 1,588,550,425 | 1,591,734,255 |
| 전력비 및 연료비 | 2,558,298,762 | 2,257,886,097 |
| 기타 | 3,855,486,614 | 2,736,987,162 |
| 합 계(*) | 25,724,144,113 | 20,402,417,965 |

위 화면은 현대제철의 2022년(당기)-2021년(전기) 비용의 성격별 분류다. 재무제표 주석에서 확인했다. 전체 비용 중 60% 이상이 원재료비다. 따라서 스프레드가 기업의 영업이익에 가장 많은 영향을 미친다.

주요 원재료인 철광석과 석탄을 원산지에서 선박벌크선에 실어, 국내에 들여와서, 제품 생산에 투입한다. 이 과정에서 대략 3개월 정도의 시차가 존재한다.

전기로에 투입되는 철스크랩은 1개월 정도의 시차리드타임가 존재한다. 따라서 **정유, 석유화학 업체와 마찬가지로 원재료 가격과 철강 제품 가격이 동시에 오르는 철강 시황이 회복되는 시기에, 기업의 이익은 빠르게 개선된다. 반대의 경우에 기업의 이익은 급격히 나빠지게 된다.**

## ▷ 상대적으로 적은 유형자산 및 극히 낮은 연구개발비 ◁

(단위 : 천 원)

| 구분 | 토지 | 건물 | 구축물 | 기계장치 | 차량운반구 | 공구기구비품 | 기타의유형자산 | 건설중인자산 | 합계 |
|---|---|---|---|---|---|---|---|---|---|
| 취득원가: | | | | | | | | | |
| 기초금액 | 362,864,750 | 789,575,586 | 481,091,990 | 4,429,042,526 | 44,340,350 | 78,274,171 | 399,450 | 594,387,239 | 6,777,976,062 |
| 연결범위변동 | 18,446,883 | 18,377,415 | 1,812,157 | 71,967,068 | 286,426 | 522,423 | 7,257,282 | 10,332,224 | 129,001,878 |
| 취득금액 | 500,114 | 15,404,917 | 1,127,631 | 26,015,795 | 5,596,441 | 3,668,179 | 42,880,791 | 261,766,490 | 356,960,958 |
| 처분금액 | - | (660,838) | (778,410) | (4,249,891) | (1,838,579) | (1,517,712) | (194,540) | (709,056) | (9,949,026) |
| 기타증감액 | 145,924 | 81,115,222 | 212,390,511 | 220,127,144 | 3,802,341 | 12,512,676 | (762,898) | (405,947,470) | 123,383,450 |
| 기말금액 | 381,957,671 | 903,812,302 | 695,643,879 | 4,742,902,642 | 52,186,979 | 91,459,737 | 49,580,085 | 459,829,427 | 7,377,372,722 |
| 감가상각누계액 및 손상차손누계액: | | | | | | | | | |
| 기초금액 | - | (275,094,285) | (146,939,992) | (2,810,754,095) | (22,064,265) | (58,176,990) | (114,390) | (5,845,984) | (3,318,990,001) |
| 연결범위변동 | - | (2,643,553) | (276,351) | (24,633,369) | (225,335) | (434,300) | (43,420) | - | (28,256,328) |
| 처분금액 | - | 414,332 | 469,239 | 3,667,921 | 1,709,604 | 1,493,835 | 82,255 | 591,650 | 8,428,836 |
| 기타증감액 | - | (3,730,848) | (2,359,834) | (41,951,418) | (570,366) | (1,641,970) | 38,629 | (1,196,402) | (51,412,209) |
| 손상차손 | - | - | - | - | - | - | - | (418,400) | (418,400) |
| 감가상각비 | - | (24,472,037) | (15,963,961) | (236,326,436) | (5,047,293) | (8,359,922) | (2,186,408) | - | (292,356,057) |
| 기말금액 | - | (305,526,391) | (165,070,899) | (3,109,997,397) | (26,197,655) | (67,119,347) | (2,223,334) | (6,869,136) | (3,683,004,159) |
| 장부금액: | | | | | | | | | |
| 기초금액 | 362,864,750 | 514,481,301 | 334,151,998 | 1,618,288,431 | 22,276,085 | 18,097,181 | 285,060 | 588,541,255 | 3,458,986,061 |
| 기말금액 | 381,957,671 | 598,285,911 | 530,572,980 | 1,632,905,245 | 25,989,324 | 24,340,390 | 47,356,751 | 452,960,291 | 3,694,368,563 |

앞 화면은 고려아연의 2022년 재무제표 주석에서 확인한 유형자산 변동 내역이다. 현대제철에 비해 보유 유형자산 규모가 매출액 대비 상대적으로 적은 3.7조 원이다.

또한 발생하는 감가상각비도 현대제철보다 적은 규모다. 그 이유는 생산하고 있는 제품 차이에서 발생한다. 고려아연의 연구개발비는 매출액 대비 0.1%도 되지 않는 아주 미미한 수준이다.

2-1. 주요 제품 등의 현황

(단위 : 백만 원)

| 구 분 | 영업유형 | 품 목 | 구체적용도 | 매출액 | 비율 |
|---|---|---|---|---|---|
| 철 강 제조업 | 철강 | 봉형강 | 건축, 산업용, 자동차용, 강관, 조선용, 내외장재 | 10,282,359 | 32.9% |
| | | 판 재 | | 17,933,368 | 57.3% |
| | | 중기계 外 | 산업용, 조선용, 건설기계, 자동차용부품 | 1,229,640 | 3.9% |
| | 기타 | 반제품, 부산물 外 | - | 1,836,697 | 5.9% |
| | 단순합계 | | - | 31,282,064 | 100.0% |
| | 내부거래 | | - | (3,941,463) | |
| | 순매출액 | | - | 27,340,601 | |

2-2. 주요 제품 등의 가격변동추이

(단위 : 천 원, Ton)

| 구 분 | 품 목 | 제58기 | 제57기 | 제56기 |
|---|---|---|---|---|
| 국 내 | 봉형강 | 1,358 | 1,052 | 795 |
| | 판재 | 1,314 | 1,079 | 789 |
| | 중기계 外 | 2,772 | 2,183 | 2,112 |
| 해 외 | 자동차부품 外 | 1,716 | 1,283 | 1,177 |

(단위 : 백만 원)

| 사업부문 | 매출유형 | 품목 | 구체적용도 | 매출액 | 비율 |
|---|---|---|---|---|---|
| 비철금속 제조 및 판매 | 제품 | 아연 | 용용아연도금, Die-Casting합금, 전기아연도금, 신동, 금속화학 등 | 3,033,035 | 37.53% |
| | | 연 | 축전기전극, 안료, 땜납, 활자합금, 전선피복용, Bearing합금 등 | 1,344,319 | 16.63% |
| | | 금 | 전기도금, 화폐, 전기접점, 장식품, 치과재료 등 | 889,665 | 11.01% |
| | | 은 | 사진감광재료, 전기도금, 전기접점, 치과재료 등 | 1,836,115 | 22.72% |
| | | 기타 | - | 978,244 | 12.10% |
| 합계 | | | | 8,081,378 | 100% |

(단위 : 원)

| 구분 | | 제49기 | 제48기 | 제47기 |
|---|---|---|---|---|
| 아연 (MT) | 내수 | 4,780,895 | 3,629,040 | 2,896,202 |
| | 수출 | 4,780,818 | 3,560,576 | 2,787,763 |
| 연 (MT) | 내수 | 3,112,991 | 2,792,750 | 2,364,867 |
| | 수출 | 3,205,759 | 2,810,763 | 2,388,389 |
| 금 (Kg) | 내수 | 74,735,014 | 66,186,789 | 67,252,293 |
| | 수출 | 75,000,406 | 66,790,610 | 67,527,706 |
| 은 (Kg) | 내수 | 898,937 | 932,750 | 737,321 |
| | 수출 | 901,501 | 934,687 | 743,542 |

화면은 현대제철옆 그림과 고려아연위 그림의 2022년 주요 제품 현황과 가격 변동 추이다. 철강 제품을 주로 생산하고 있는 현대제철과는 다르게 고려아연은 상대적으로 고가 제품인 금, 은, 아연, 연을 생산하고 있다.

그렇기 때문에 매출액 대비 상대적으로 적은 유형자산을 보유하고 있는 것이다. 그 결과 매년 발생하고 있는 감가상각비도 고려아연이 더 적다.

| 구분 | 당기 | 전기 |
|---|---|---|
| | | (단위 : 천 원) |
| 재고자산의 변동 | (15,155,547) | (322,154,256) |
| 원재료비와 상품의 매입액 등 | 8,383,576,000 | 7,777,359,571 |
| 급여 | 267,575,589 | 211,962,946 |
| 퇴직급여 | 39,600,520 | 17,608,902 |
| 복리후생비 | 31,892,326 | 26,214,972 |
| 감가상각비 (*1) | 298,157,265 | 286,243,067 |
| 사용권자산상각비 | 5,591,059 | 3,578,838 |
| 임차료 | 8,129,166 | 4,949,830 |
| 세금과공과 | 16,057,690 | 12,515,235 |
| 보험료 | 21,857,114 | 16,713,728 |
| 운반보관료 | 250,153,677 | 158,564,534 |
| 지급수수료 | 95,917,833 | 69,299,106 |
| 전력비 | 287,298,738 | 242,126,924 |
| 수선비 | 228,364,462 | 159,978,527 |
| 도급비 | 143,538,700 | 110,377,031 |
| 기타 | 237,632,877 | 105,291,145 |
| 합계(*2) | 10,300,187,469 | 8,880,630,100 |

위 화면은 고려아연의 2022년(당기) 재무제표 주석에서 확인한 비용의 성격별 분류다. 현대제철과 마찬가지로 전체 비용 중 원재료 비용이 가장 많다.

## ▷ 철강 경기 예측은 가능할까? ◁

결론부터 말씀드리면, 필자의 경험상 경기 예측이 가장 어려운 업종 중에 하나가 바로 철강 산업이다. 현재 글로벌 철강 시황에 가장 큰 영향을 미치는 요인은 인프라투자, 자동차 소비세 인하에 따른 자동차 생산 증가 여부, 부동산 경기 부양 정책 등 다양한 중국 경기 상황이다.

중국의 경기가 전반적으로 회복되면, 철강에 대한 수요 증가로 국내로 들어오는 저가 중국산 철강 제품이 줄어들면서 국내 철강 경기도 회복되는 구조다.

**전반적인 중국 경기 예측과 더불어 중국 정부의 정책까지 예측해야 하는 관계로, 철강 시황 예측이 쉽지 않다.** 필자가 가장 어려워하는 업종이 바로 철강 산업이다.

# 7. 건설, 플랜트

## 주택 경기에 의존하는 사업 구조

### GS건설, 삼성엔지니어링

▷ **유형자산의 대부분은 토지와 건물, 낮은 연구개발비** ◁

(단위 : 백만 원)

〈당기〉

| 구분 | 기초 | 취득 | 처분 | 감가상각 | 대체 등(*) | 연결범위변동 | 환산차이 | 기말 |
|---|---|---|---|---|---|---|---|---|
| 토지 | 791,418 | 76,024 | (120) | - | (1,658) | - | 14,410 | 880,074 |
| 건물 | 482,174 | 13,713 | - | (18,120) | 25,302 | - | 21,643 | 524,712 |
| 구축물 | 103,839 | 1,780 | (15) | (5,483) | 4,608 | - | (4,143) | 100,586 |
| 기계장치 | 45,766 | 13,766 | (8) | (7,602) | (1,389) | 23 | 1,005 | 51,561 |
| 건설장비 | 12,258 | 3,868 | (1,685) | (4,457) | | - | 840 | 10,824 |
| 차량운반구 | 7,622 | 3,140 | (244) | (2,291) | 87 | - | 16 | 8,330 |
| 공구와기구 | 20,110 | 32,892 | (96) | (29,283) | 23,924 | 114 | 799 | 48,460 |
| 비품 | 15,119 | 5,612 | (356) | (5,478) | 758 | 702 | 62 | 16,419 |
| 건설중인자산 | 65,071 | 150,794 | - | - | (37,152) | - | 127 | 178,840 |
| 합 계 | 1,543,377 | 301,589 | (2,524) | (72,714) | 14,480 | 839 | 34,759 | 1,819,806 |

위 화면은 GS건설의 2022년 사업보고서 재무제표 주석에서 확인한 유형자산 변동 내역이다. 전체 1.8조 원 중 77%인 1.4조 원이 토지와

건물이다. 8천억 원이 넘는 토지는 주택 건설용으로 보유하고 있는 것으로 판단된다.

따라서 보유 유형자산 규모에 비해 발생하는 감가상각비는 미미한 수준인 727억 원이다. 또한 업종 특성상 매출액 대비 연구개발비 비중은 1%에 미치지 못하고 있다.

## ▷ 건설 업종의 재고자산 특징 ◁

건설 업종의 재무제표에서 눈에 띄는 특징은 바로, 재고자산에서 '주택건설계정'이 차지하는 비중이 아주 크다는 점이다.

(단위 : 백만 원)

| 구분 | 당기말 | 전기말 |
|---|---|---|
| 용지(*) | 348,886 | 399,159 |
| 상품 및 제품 | 24,351 | 17,273 |
| 원재료 | 98,423 | 82,579 |
| 완성상가 | - | 1,025 |
| 완성주택 | 8,242 | - |
| 주택건설계정 | 924,888 | 888,664 |
| 저장품 | 2,071 | 79,318 |
| 미완성공사 | 6,939 | 6,633 |
| 반제품 | 692 | 686 |
| 재공품 | 84,546 | 1,563 |
| 미착품 | 884 | 200 |
| 합 계 | 1,499,922 | 1,477,100 |

앞 화면은 2022년 GS건설의 재고자산 상세 내역이다. 사업보고서 재무제표 주석에서 찾았다. 2022년(당기 말) 전체 재고자산 1.5조 원 중 62% 수준인 9,248억 원이 '주택건설계정'이다.

대부분의 건설 회사는 국내 주택건설에서 주로 시공사의 역할을 하고 있다. 그러나 일부 공사는 시행사로서 참여하는 경우도 있다. 시행까지 하는 경우에 건설 중인 주택은 회계연도 말에 재고자산으로 회계 처리되는 것이다.

## ▷ 건설 업종의 영업 비용 특징 ◁

(단위 : 백만 원)

| 구분 | 당기 | 전기 |
|---|---|---|
| 인건비 | 1,230,905 | 1,159,004 |
| 재료비 | 2,525,381 | 1,824,590 |
| 외주비 | 5,531,360 | 3,346,459 |
| 복리후생비 | 142,245 | 121,662 |
| 광고선전비 | 52,857 | 36,119 |
| 대손상각비(대손충당금환입) | 23,858 | (35,701) |
| 지급임차료 | 67,087 | 50,767 |
| 유무형자산상각비 | 128,427 | 77,725 |
| 세금과공과 | 168,835 | 155,681 |
| 지급수수료 | 872,170 | 689,696 |
| 기타 | 1,024,179 | 1,423,271 |
| 재고자산 등의 변동 | (22,943) | (459,183) |
| 합 계(*) | 11,744,361 | 8,390,090 |

옆 화면은 GS건설의 2022년(당기) 사업보고서 재무제표 주석에서 확인한 비용의 성격별 분류다. 전체 비용 11.7조 원 중 68%인 8조 원이 재료비와 외주비다. 시공사인 건설 회사는 주택을 건설할 때 하도급을 주는 경우가 많다.

**이때 각종 건설용 자재를 직접 구입재료비해서 하도급 업체에 전달하는 경우도 있고, 하도급 업체가 원자재를 구입외주비해서 주택을 건설하는 경우도 있다.**

그런 이유로 전체 비용에서 재료비와 외주비가 차지하는 비중이 가장 크다.

(단위 : 백만 원, %)

| 사업부문 | 주요 재화 및 용역 | 주요고객정보 | 사업부<br>총 매출 | 총매출액 대비<br>사업부별 비율 |
|---|---|---|---|---|
| 건축·주택부문 | 사무용빌딩, 공장, 아파트 등 | 개포주공4단지아파트주택재건축정비사업조합, ㈜여의도엠비씨<br>부지복합개발피에프브이, 한국토지주택공사 | 9,334,569 | 75.90 |
| 신사업부문 | 수처리 및 해외개발사업 등 | Braskem, 기타 불특정 다수인 등 | 1,025,553 | 8.34 |
| 플랜트부문 | 석유정제설비 등 | State Company for Oil Projects, 대한유화㈜, HMC Polymers Co., Ltd. | 598,552 | 4.87 |
| 인프라부문 | 도로, 철도 등 | Land Transport Authority, 부산동서고속화도로㈜, Department of Bridge, Ministry of Construction | 1,061,436 | 8.63 |
| ECO사업부문 | 수처리시설, 발전소, 전력제어, 지역난방 등 | 한국수자원공사, SPE spa, 한울원자력본부 | 173,137 | 1.41 |
| 기타부문 | 리조트사업 등 | 불특정 다수인 등 | 105,949 | 0.86 |
| | | 계 | 12,299,196 | 100.00 |

위 화면은 GS건설의 2022년 주요 제품 및 서비스 내용이다. 회사 전체 매출의 76%가 건설·주택 부문에서 발생하고 있다. 따라서 회사의 실적은 주택 경기의 직접적인 영향을 받을 수밖에 없다.

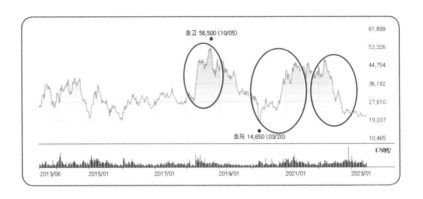

위 화면은 GS건설의 주가 차트다. 2018년 이후 주택 경기 호황으로 주가도 크게 상승했다가, 코로나19 팬데믹 이후에 재차 크게 상승했다.

그 이후 집값 급등과 금리 상승에 따른 주택 경기 악화로 주가도 크게 하락했다가, 2023년 이후 횡보하고 있다. 주택 경기가 다시 살아난다면 주가도 재차 상승할 것으로 예측된다.

| 구 분 | 분류기준 | 주요재화및용역 | 주요고객 | 매출비중<br>(2022년) |
|---|---|---|---|---|
| 화 공 | 경영관리목적 | 정유, 석유화학, 가스,<br>Upstream 등 건설 | Saudi Aramco, ADNOC, PTT,<br>PEMEX 등 | 47.9% |
| 비화공 | 경영관리목적 | 산업설비, 인프라, 수처리<br>등 건설 | 삼성전자㈜, 삼성디스플레이㈜,<br>삼성전기㈜, 삼성SDI㈜ 등 | 52.1% |

위 화면은 삼성엔지니어링의 2022년 사업보고서에서 확인한 사업부별 주요 고객 및 매출 비중이다. 화공과 비화공으로 분류하고 있으며, 비화공의 경우에는 삼성그룹 계열사 매출이 대부분이다.

130

그룹계열사에 대한 의존도가 높다는 점은 단점으로 생각될 수 있지만, 한편으로는 안정적인 매출처를 확보하고 있다는 의미로 해석할 수 있다.

업종 특성상 연구개발에 대한 투자는 크게 필요하지 않은 관계로, 매출액 대비 연구개발비 비중은 1% 내외로 적었다.

(단위 : 천 원)

| 구분 | 토지 | 건물 | 구축물 | 기계장치 | 차량운반구 | 공기구비품 | 건설중장비 | 임차자산개량권 | 건설중인자산 | 합계 |
|---|---|---|---|---|---|---|---|---|---|---|
| 기초금액 | 153,511,451 | 235,197,178 | 23,222 | 29,974,938 | 5,608,216 | 9,607,297 | 861,791 | 55,476 | 11,947,125 | 446,786,684 |
| 취득 및 자본적지출 | 956,010 | 3,275,312 | - | 8,468,724 | 3,383,604 | 6,597,582 | 577,812 | - | 3,704,002 | 26,963,046 |
| 처분 및 폐기 | (185,973) | (474,542) | - | (427,674) | (133,472) | (631,232) | - | - | - | (1,852,893) |
| 감가상각 | (3,486,308) | (15,218,770) | (2,395) | (11,936,721) | (4,119,644) | (3,598,067) | (444,255) | (19,360) | | (38,825,520) |
| 대체 | - | 381,600 | - | 5,422,965 | - | (24,257) | - | - | (4,411,598) | 1,368,710 |
| 기타(+) | 534,042 | 1,763,127 | - | 188,063 | 216,509 | 201,796 | (11,142) | 1,790 | | 2,894,185 |
| 기말금액 | 151,329,222 | 224,923,905 | 20,827 | 31,690,295 | 4,955,213 | 12,153,109 | 984,206 | 37,906 | 11,239,529 | 437,334,212 |
| 취득가액 | 157,024,168 | 332,075,626 | 103,553 | 102,251,549 | 15,408,158 | 96,374,689 | 18,091,343 | 2,560,768 | 11,239,529 | 735,129,383 |
| 감가상각누계액 | (5,694,946) | (107,151,721) | (82,726) | (70,561,254) | (10,452,946) | (84,221,580) | (17,107,137) | (2,522,862) | - | (297,795,171) |

위 화면은 삼성엔지니어링의 2022년 재무제표 주석에서 확인한 유형자산 변동 내역이다. **주택건설이 주요 사업인 GS건설과는 다르게 플랜트 사업과 계열사에 대한 매출이 대부분이다.**

그런 관계로 보유하고 있는 유형자산 총액도 적고, 토지와 건물도 GS건설보다 적게 보유하고 있다. 또한 감가상각비가 많이 발생하는 기계장치는 316억 원만 보유하고 있는 관계로, 유형자산에서 발생하는 감가상각비 총액도 적다.

| 구 분 | 당 기 | 전 기 |
|---|---|---|
| 자재비 및 외주비 | 7,400,011,415 | 5,537,113,902 |
| 급여 | 826,364,157 | 666,599,501 |
| 퇴직급여 | 51,243,261 | 49,606,785 |
| 복리후생비 | 163,873,892 | 116,207,687 |
| 여비교통비 | 33,521,443 | 14,326,664 |
| 임차료 | 44,372,024 | 36,412,789 |
| 감가상각비 | 41,572,557 | 34,920,665 |
| 무형자산상각비 | 15,531,423 | 11,238,000 |
| 운반비 | 246,185,226 | 82,254,776 |
| 지급수수료 | 259,996,577 | 226,838,823 |
| 대손상각비 | 3,482,322 | 1,341,220 |
| 공사손실충당부채전입액 | 56,870,673 | 44,042,569 |
| 기타 | 208,376,661 | 162,503,933 |
| 합 계(*1) | 9,351,401,631 | 6,983,407,314 |

위 화면은 삼성엔지니어링의 2022년(당기) 사업보고서 재무제표 주석에서 확인한 비용의 성격별 분류다. 전체 비용 9.3조 원 중 80%가 자재비 및 외주비다.

이는 매출에 연동되는 비용인 관계로, 매출이 크게 감소하지 않는 이상 안정적인 이익을 낼 수 있는 영업 구조라 판단된다.

| | 제 56 기 | 제 55 기 | 제 54 기 |
|---|---|---|---|
| 매출액 | 10,054,344,625,186 | 7,486,696,121,177 | 6,749,174,145,123 |
| 매출원가 | 8,973,419,011,550 | 6,625,376,322,654 | 6,076,895,398,640 |
| 매출총이익 | 1,080,925,613,636 | 861,319,798,523 | 672,278,746,483 |
| 판매비와관리비 | 377,982,619,448 | 358,030,991,176 | 311,096,074,112 |
| 영업이익 | 702,942,994,188 | 503,288,807,347 | 361,182,672,371 |

위 화면은 삼성엔지니어링의 2020년(제54기)-2022년(제56기) 연결 손익계산서 일부다. 매출이 증가하면서 영업이익도 꾸준히 증가하고 있는 것을 볼 수 있다.

주택 경기 영향을 많이 받는 건설 회사들과는 다르게, 그룹 계열사 매출 비중이 50%를 넘기 때문에 안정적인 매출 증가가 가능하다.

# 8. 금융업

## 일반 제조업과는
## 현금흐름표가 다르다

KB금융, 키움증권

| 사업부문 | 사업의 내용 | 계열사 |
|---|---|---|
| 은행부문 | 고객에 대한 여신/수신 취급 등과 이에 수반되는 업무 | KB국민은행 |
| 금융투자부문 | 투자매매업, 투자중개업, 집합투자업 등과 이에 수반되는 업무 | KB증권<br>KB자산운용<br>KB부동산신탁<br>KB인베스트먼트 |
| 보험부문 | 손해보험 및 생명보험 사업과 이에 수반되는 업무 | KB손해보험<br>KB라이프생명(구.<br>푸르덴셜생명)<br>KB생명보험 |
| 여신전문업<br>부문 | 신용카드, 현금서비스, 카드론 등의 영업 및 이에 수반되는 업무 | KB국민카드 |
| | 리스, 할부금융, 대출 등 여신전문금융업 | KB캐피탈 |
| 저축은행부문 | 상호저축은행법에 따른 서민/중소기업 대상 여신/수신 업무 등 | KB저축은행 |
| 기타부문 | 컴퓨터 관련 기기 및 시스템의 유지보수 등 상기 사업부문에 수반되는 지원업무, 신용조사 및 채권추심업 | KB데이타시스템<br>KB신용정보 |

옆 화면은 KB금융의 2022년 사업보고서에서 확인한 영업 현황이다. 은행, 금융투자, 보험, 여신전문, 저축은행 등 금융업 전반에 대해서 영업을 영위하고 있다. 신한지주, 우리금융지주 등 금융지주 회사들은 현재 다양한 금융 영업을 하고 있다.

금융지주의 재무제표는 일반 제조 업체와는 적지 않은 차이점이 있다. 그 부분을 자세히 살펴보도록 하자.

## ▷ KB금융 연결손익계산서에 대한 이해 ◁

(단위 : 백만 원)

| 과 목 | 제 15기 | 제 14기 | 제 13기 |
|---|---|---|---|
| Ⅰ. 순이자이익 | 13,112,934 | 11,229,572 | 9,722,274 |
| 1. 이자수익 | 20,788,518 | 15,210,878 | 14,485,747 |
| 기타포괄손익-공정가치 측정 및 상각후원가 측정 금융상품 이자수익 | 19,912,128 | 14,620,490 | 13,826,382 |
| 당기손익-공정가치 측정 금융상품 이자수익 | 876,390 | 590,388 | 659,365 |
| 2. 이자비용 | (7,675,584) | (3,981,306) | (4,763,473) |
| Ⅱ. 순수수료이익 | 3,321,632 | 3,625,583 | 2,958,939 |
| 1. 수수료수익 | 5,121,520 | 5,323,606 | 4,527,024 |
| 2. 수수료비용 | (1,799,888) | (1,698,023) | (1,568,085) |
| Ⅲ. 순보험손익 | 696,513 | 556,711 | 299,993 |
| 1. 보험수익 | 17,136,842 | 16,107,858 | 14,386,640 |
| 2. 보험비용 | (16,440,329) | (15,551,147) | (14,086,647) |
| Ⅳ. 당기손익-공정가치 측정 금융상품 순손익 | 247,357 | 995,304 | 1,011,366 |
| 1. 당기손익조정접근법 조정전 순손익 | (359,158) | 1,160,981 | 1,221,610 |
| 2. 당기손익조정접근법 조정 손익 | 606,515 | (165,677) | (210,244) |
| Ⅴ. 기타영업손익 | (2,365,791) | (1,923,567) | (1,499,930) |
| Ⅵ. 일반관리비 | (7,537,802) | (7,200,853) | (6,814,812) |
| Ⅶ. 신용손실충당금 반영전 영업이익 | 7,474,843 | 7,282,750 | 5,677,830 |
| Ⅷ. 신용손실충당금전입액 | (1,835,988) | (1,185,133) | (1,043,498) |
| Ⅸ. 영업이익 | 5,638,855 | 6,097,617 | 4,634,332 |

위 화면은 KB금융의 2020년(제13기)~2022년(제15기) 연결손익계산서 일부다. 일반 제조업과는 확연히 다른 손익계산서다. 일반 제조업

의 손익계산서 경우에는 매출액에서 기업의 주요 비용인 매출원가, 판매비, 관리비를 차감하여 영업이익을 계산한다.

하지만 **종합금융 기업의 경우에는 매출액 자체를 계산할 수 없다. 그렇기 때문에 영업 관련 이익을 구하고, 관련 비용을 차감해서, 영업이익을 계산하는 방식이다.**

KB금융의 주요 영업 관련 이익은 순이자이익ⅰ, 순수수료이익ⅱ, 순보험손익ⅲ, 당기손익−공정가치 측정 금융상품 순손익ⅳ이다.

은행의 주된 수입원인 예대마진이 바로 순이자이익의 대부분<sub>일부 증권업 등에서 발생하는 순이자이익 포함</sub>이고, 순수수료수익은 주로 KB증권과 KB자산운용에서 발생하는 증권투자 중개수수료와 집합투자업자 운용수수료 등으로 구성되어 있다.

순보험손익은 KB손해보험, KB생명보험 등에서 벌어들인 순이익이다. 당기손익−공정가치 측정 금융상품 순손익은 KB금융이 투자목적으로 보유하고 있다가 처분한 금융상품에서 발생한 순손익이다.

여기서 한 가지 추가로 설명이 필요하다. 금융업 기입뿐만이 아니라 모든 상장 회사는 보유하고 있는 금융자산을 다음과 같이 분류해서 재무제표에 반영하고 있다. 앞 화면에서 붉은색 박스에 대한 설명이다.

### 가. 상각후원가 측정 금융자산

원금과 이자만을 수취할 목적으로 보유하고 있는 금융자산을 의미한다. 예를 들어 현재 가지고 있는 만기가 2년 남은 국고채를 만기까지 보유할 목적이라면, 보유 기간 중 금리 변동에 따른 금융자산<sub>국고채</sub>의 가치 변화를 재무제표 당기손익에 반영할 필요가 없다.

해당 국고채에서 발생하는 이자는 당해 연도 이자수익<sub>에</sub> 반영하고, 원금은 만기 시점에 회계 처리하면 된다. 매출채권은 이자가 발생하지 않는다는 점에서 금융자산<sub>상품</sub>과는 다르지만, 보유 기간 동안 금리 변동의 영향을 받지 않기 때문에 상각후원가 측정 금융자산에 포함시키고 있다.

KB금융은 상각후원가 측정 금융자산에서 상각후원가 측정 대출채권<sub>기업과 가계에 대한 대출</sub>에서 발생하는 이자수익이 가장 큰 비중을 차지하고 있다.

### 나. 기타포괄손익-공정가치 측정 금융자산

보유 기간 중 가치 변동에 따른 금융자산의 평가손익을 당기손익이 아닌, 재무상태표 자본에 기타포괄손익누계액이라는 항목에 미실현 평가손익을 누적시킨다. 차후 해당 금융자산을 처분하는 시점에 기타포괄손익누계액 항목에서 차감하고 당기손익에 반영한다.

기타포괄손익-공정가치 측정 금융자산에서 발생하는 이자 역시 당해 연도 이자수익<sub>에</sub> 반영시킨다.

### 다. 당기손익-공정가치 측정 금융자산

보유 기간 중 가치 변동에 따른 금융자산의 평가손익을 당기손익에 포함시키는 금융자산이다. 예를 들어 기업이 집합투자증권<sub>주식형펀드</sub>을 보유하고 있다면, 펀드 평가손익을 당기손익에 반영해야 한다.

당기손익-공정가치 측정 금융자산에서 발생하는 이자도 당해 연도 이자수익에 반영시킨다.

KB금융의 이자수익은 앞에서 설명한 세 분류의 금융자산에서 발생한 이자수익으로 구성되어 있다. 일반관리비VI는 주로 종업원 급여로 구성되어 있으며, 그 외에 전산업무비와 광고선전비 등이 일부 포함되어 있다.

신용손실충당금 전입액VIII이 바로, 기업 및 가계대출금에 대해 당해 연도에 추가로 설정한 대손충당금이다.

## ▷ 부채비율이 높은 이유 ◁

주식회사 KB금융지주와 그 종속기업 (단위 : 백만 원)

| 과 목 | 제 15기말 | 제 14기말 | 제 13기말 |
|---|---|---|---|
| 자 산 | | | |
| Ⅰ. 현금 및 예치금 | 32,063,421 | 31,009,374 | 25,608,842 |
| Ⅱ. 당기손익-공정가치 측정 금융자산 | 64,935,344 | 66,005,815 | 61,035,455 |
| Ⅲ. 파생금융자산 | 9,446,134 | 3,721,370 | 5,545,385 |
| Ⅳ. 상각후원가 측정 대출채권 | 436,530,502 | 417,900,273 | 377,166,984 |
| Ⅴ. 투자금융자산 | 116,588,575 | 104,847,871 | 98,695,426 |
| Ⅵ. 관계기업 및 공동기업 투자 | 682,670 | 448,718 | 771,435 |
| Ⅶ. 유형자산 | 4,991,467 | 5,239,898 | 5,433,554 |
| Ⅷ. 투자부동산 | 3,148,340 | 2,514,944 | 2,533,539 |
| Ⅸ. 무형자산 | 3,200,399 | 3,266,357 | 3,351,133 |
| Ⅹ. 순확정급여자산 | 478,934 | 100,083 | 50,597 |
| ⅩⅠ. 당기법인세자산 | 204,690 | 98,798 | 109,772 |
| ⅩⅡ. 이연법인세자산 | 251,085 | 159,093 | 65,058 |
| ⅩⅢ. 매각예정자산 | 211,758 | 237,318 | 197,727 |
| ⅩⅣ. 매각예정처분자산집단 | - | 171,749 | - |
| ⅩⅤ. 기타자산 | 28,437,529 | 28,174,173 | 30,155,037 |
| 자산총계 | 701,170,848 | 663,895,834 | 610,719,944 |

| 부          채 | | | |
|---|---|---|---|
| Ⅰ. 당기손익-공정가치 측정 금융부채 | 12,271,604 | 12,088,980 | 11,810,058 |
| Ⅱ. 파생금융부채 | 9,506,709 | 3,682,258 | 5,222,897 |
| Ⅲ. 예수부채 | 388,888,452 | 372,023,918 | 338,580,220 |
| Ⅳ. 차입부채 | 71,717,366 | 56,912,374 | 49,827,156 |
| Ⅴ. 사채 | 68,698,203 | 67,430,188 | 62,760,687 |
| Ⅵ. 충당부채 | 968,819 | 808,604 | 714,903 |
| Ⅶ. 순확정급여부채 | 85,745 | 225,521 | 239,567 |
| Ⅷ. 당기법인세부채 | 997,675 | 662,672 | 764,981 |
| Ⅸ. 이연법인세부채 | 22,693 | 1,470,981 | 1,177,799 |
| Ⅹ. 보험계약부채 | 58,230,303 | 57,165,936 | 54,415,296 |
| Ⅺ. 기타부채 | 40,140,365 | 43,130,482 | 41,804,023 |
| 부채총계 | 651,527,934 | 615,601,914 | 567,317,587 |

　위 화면은 KB금융의 2020년(제13기)-2022년(제15기) 재무상태표 자산과 부채 계정이다. 은행, 증권 회사, 보험 회사의 경우에는 부채비율이 높을수록 영업을 더 잘하고 있고 이익을 많이 내는 회사다. 따라서 대부분의 은행, 증권, 보험 회사는 부채비율이 1,000%를 훌쩍 넘고 있다.

　은행의 경우에는 고객으로부터 낮은 금리로 예금예수부채을 받거나 차입차입부채 또는 채권사채을 발행해서, 높은 금리로 기업이나 가계에 대출상각후원가 측정 대출채권해준다.

　또한 수익성이 좋은 금융자산 등에 투자투자금융자산하거나, 높은 이자를 얻을 수 있는 금융상품당기손익-공정가치 측정 금융자산에 가입해서 이익을 창출한다.

　보험 회사 역시 보험 가입자보험 계약부채가 많아야 이를 재원으로 이익을 창출할 수 있다. 증권 회사 역시 낮은 이자를 지급하는 고객이 맡긴 예탁금예수부채이 많아야 다양한 이익 창출이 가능하다. 따라서 영업을 잘할수록 부채비율은 올라가는 구조다.

지금까지의 설명이 KB금융 현금흐름표에 나타나 있다.

## ▷ KB금융의 현금흐름표 이해하기 ◁

주식회사 KB금융지주와 그 종속기업

(단위 : 백만 원)

| 과목 | 제15기 | 제14기 | 제13기 |
|---|---|---|---|
| I. 영업활동으로부터의 현금흐름 | 5,686,084 | (2,025,390) | (3,114,737) |
| 1. 당기순이익 | 4,173,239 | 4,384,381 | 3,515,578 |
| 3. 자산·부채의 증감 | (3,793,383) | (11,960,344) | (11,438,148) |
| (1) 당기손익-공정가치 측정 금융자산 | 3,121,774 | (6,149,781) | (7,139,647) |
| (2) 파생금융상품 | 546,095 | 39,343 | (38,376) |
| (3) 기타포괄손익-공정가치 측정 대출채권 | (49,352) | (24,618) | 81,803 |
| (4) 상각후원가 측정 대출채권 | (21,129,553) | (41,457,544) | (31,126,636) |
| (5) 당기법인세자산 | (105,892) | 10,581 | (54,539) |
| (6) 이연법인세자산 | (91,429) | (92,967) | (15,108) |
| (7) 기타자산 | (1,222,952) | 950,313 | (700,089) |
| (8) 당기손익-공정가치 측정 금융부채 | 1,252,561 | 759,989 | (3,247,108) |
| (9) 예수부채 | 16,566,047 | 32,497,922 | 27,381,662 |
| (10) 당기법인세부채 | 335,003 | (102,273) | 323,313 |
| (11) 이연법인세부채 | (152,767) | 294,130 | (120,023) |
| (12) 기타부채 | (2,862,918) | 1,314,561 | 3,216,600 |
| II. 투자활동으로부터의 현금흐름 | (20,285,715) | (3,856,014) | (10,988,410) |
| 1. 위험회피목적 파생금융상품의 순현금흐름 | (166,066) | 427 | (64,177) |
| 2. 당기손익-공정가치 측정 금융자산의 처분 | 9,513,537 | 13,788,604 | 14,169,758 |
| 3. 당기손익-공정가치 측정 금융자산의 취득 | (12,807,238) | (12,298,792) | (13,923,371) |
| 4. 투자금융자산의 처분 | 25,993,266 | 50,825,909 | 83,143,443 |
| 5. 투자금융자산의 취득 | (43,612,269) | (56,633,996) | (92,206,817) |
| III. 재무활동으로부터의 현금흐름 | 15,318,243 | 10,821,398 | 25,262,276 |
| 1. 위험회피목적 파생금융상품의 순현금흐름 | 33,402 | 5,870 | (16,202) |
| 2. 차입부채의 순증감 | 14,669,649 | 7,321,582 | 10,683,659 |
| 3. 사채의 증가 | 107,607,314 | 121,767,039 | 119,705,016 |
| 4. 사채의 감소 | (106,631,213) | (117,509,585) | (107,760,800) |

옆 화면은 KB금융의 2020년(제13기)−2022년(제15기) 현금흐름표 일부다. 당기순이익을 내는 일반 제조업에 속하는 기업의 경우에는 플러스 영업활동현금흐름이 일반적이다. 영업활동으로 이익을 낸 결과기 때문이다.

그러나 종합금융 회사는 당기순이익에도 불구하고 영업활동현금흐름이 마이너스라도 문제가 없는 현금흐름이다. 그 이유는 고객이 맡긴 예수부채<sub>영업활동현금흐름 플러스 영향</sub> 이상으로 기업이나 가계에 대출<sub>영업활동현금흐름 마이너스 영향</sub>을 해줘야 예대마진이 확대되기 때문이다.

종합금융 회사의 재무활동현금흐름은 플러스 현금흐름인 상태가 양호한 영업활동을 하고 있다는 증거다. 낮은 금리로 외부에서 지속적으로 차입하거나 회사채를 발행해서 대출 재원을 마련해야 하기 때문이다.

투자활동현금흐름은 마이너스 현금흐름이 양호한 영업활동을 하고 있음을 보여주는 것이다. 낮은 금리로 외부에서 조달한 자금으로 수익성이 좋은 금융상품에 투자하는 금융 회사가 훌륭한 영업활동을 하는 기업이기 때문이다.

요약하자면 **금융 기업의 경우에는 재무활동현금흐름은 플러스, 영업활동현금흐름과 투자활동현금흐름은 마이너스인 기업이 양호한 영업활동을 하는 금융 회사라고 할 수 있다.**

## ▷ 키움증권 재무제표 이해하기 ◁

온라인 종합증권 회사로 저축은행, 자산운용사, 캐피탈, 인베스트
먼트 등 여러 종속 기업을 보유하고 있는 키움증권의 재무제표를 살
펴보도록 하자.

키움증권주식회사와 그 종속기업         (단위 : 원)

| 과 목 | 주석 | 제24(당)기말 | 제23(전)기말 |
|---|---|---|---|
| 자 산 | | | |
| 1. 현금 및 예치금 | 17 | 5,680,557,054,482 | 6,619,871,156,993 |
| 2. 당기손익-공정가치측정 금융자산 | 18 | 27,086,369,780,502 | 24,374,976,964,227 |
| 3. 파생상품자산 | 19 | 761,373,715,652 | 118,721,337,207 |
| 4. 기타포괄손익-공정가치측정 금융자산 | 20 | 461,004,635,093 | 474,338,396,335 |
| 5. 상각후원가측정 금융자산 | 21 | 10,217,088,623,744 | 9,412,285,667,877 |
| 6. 관계기업투자 | 22 | 602,420,211,547 | 395,151,792,058 |
| 7. 유형자산 | 23 | 127,303,673,473 | 138,802,282,960 |
| 8. 투자부동산 | 24 | 325,268,146,235 | 298,615,962,840 |
| 9. 무형자산 | 25 | 107,197,037,707 | 91,332,479,306 |
| 10. 사용권자산 | 26 | 18,970,614,317 | 10,622,682,476 |
| 11. 당기법인세자산 | | 1,581,668,643 | 30,796,345 |
| 12. 이연법인세자산 | 15 | 19,697,642,371 | 12,768,234,879 |
| 13. 매각예정비유동자산 | | 240,000,000 | - |
| 14. 기타자산 | 27 | 2,628,228,309,163 | 3,353,582,922,887 |
| 자 산 총 계 | | 48,037,301,112,929 | 45,301,100,676,390 |

| 부 채 | | | |
|---|---|---|---|
| 1. 당기손익-공정가치측정 금융부채 | 28 | 6,756,359,657,413 | 4,673,353,276,277 |
| 2. 파생상품부채 | 19 | 756,361,373,472 | 92,317,361,573 |
| 3. 예수부채 | 29 | 15,267,685,131,079 | 17,253,036,186,076 |
| 4. 차입부채 | 30 | 17,720,651,083,278 | 15,027,450,048,914 |
| 5. 순확정급여부채 | 31 | - | 5,355,543,765 |
| 6. 충당부채 | 32 | 5,233,030,266 | 4,396,152,349 |
| 7. 리스부채 | 26 | 17,553,501,494 | 10,238,542,403 |
| 8. 당기법인세부채 | 15 | 63,393,373,690 | 248,066,710,293 |
| 9. 이연법인세부채 | 15 | 52,160,987,590 | 69,049,807,380 |
| 10. 기타부채 | 33 | 2,804,809,039,717 | 3,615,974,317,304 |
| 부 채 총 계 | | 43,444,207,177,999 | 40,999,237,946,334 |

142

옆 화면은 키움증권의 2022년(제24기) 재무상태표의 자산, 부채 현황이다. KB금융과는 다르게 자산의 상당 부분을 다양한 금융상품당기손익-공정가치 측정 금융자산에 투자하거나 주식투자자에게 신용 공여, 주식담보대출상각후원가 측정 금융자산을 해주고 있다.

또한 운용하고 있는 다양한 자산의 재원인 부채는 주로 고객예탁금예수부채, 차입금차입부채, 판매 금융상품당기손익-공정가치 측성 금융부채 등이다.

키움증권주식회사와 그 종속기업

| 과 목 | 제24기(당)가 | | 제23기(전)기 | |
|---|---|---|---|---|
| 영업활동으로 인한 현금흐름 (주석41) | | (2,011,805,579,287) | | (3,528,473,618,059) |
| 1. 법인세비용차감전순이익 | 680,168,793,182 | | 1,234,318,333,158 | |
| 투자활동으로 인한 현금흐름 (주석41) | | (295,073,480,049) | | (314,724,919,316) |
| 1. 당기손익-공정가치측정 금융자산 취득 | (161,940,571,650) | | (307,964,375,455) | |
| 2. 당기손익-공정가치측정 금융자산 처분 | 63,590,328,893 | | 109,068,043,561 | |
| 재무활동으로 인한 현금흐름 (주석41) | | 2,520,756,626,011 | | 4,030,129,008,225 |
| 1. 콜머니의 순증감 | 210,100,000,000 | | 299,900,000,000 | |
| 2. 차입금의 순증감 | 1,098,076,759,977 | | 985,152,477,376 | |

위 화면은 키움증권의 2022년(제24기) 영업활동, 투자활동, 재무활동현금흐름 일부다. KB금융과 마찬가지로 2021년과 2022년 모두 당기순이익임에도 불구하고, 전체 영업활동현금흐름은 대규모 마이너스였다.

외부에서 자금을 조달재무활동현금흐름 플러스하여 이를 재원으로, 다양한 금융상품투자활동현금흐름 마이너스에 투자하거나 주식투자자에게 신용 공여나 대출영업활동현금흐름 마이너스을 해주는 영업을 하고 있는 것이다.

# 9. 자동차

## 금융이
## 현금흐름을 집어삼키다

현대자동차, 기아자동차

## ▷ 자본 집약적 산업, 많은 연구개발비 ◁

(단위 : 백만 원)

| 구분 | 기초 | 취득 | 대체 | 처분 | 감가상각비 | 기타(•) | 기말 |
|---|---|---|---|---|---|---|---|
| 토지 | 12,130,094 | – | 56,663 | (9,874) | – | 3,229 | 12,180,112 |
| 건물 | 6,763,707 | 6,946 | 703,192 | (28,181) | (357,212) | 42,253 | 7,130,705 |
| 구축물 | 813,762 | 18,900 | 90,828 | (5,258) | (77,357) | 10,011 | 850,886 |
| 기계장치 | 6,657,350 | 32,604 | 986,035 | (91,333) | (1,064,339) | 62,844 | 6,583,161 |
| 차량운반구 | 253,851 | 109,262 | 137,739 | (59,329) | (81,904) | 2,627 | 362,246 |
| 공구기구금형 | 4,411,102 | 19,799 | 1,284,698 | (65,801) | (1,403,168) | (118,265) | 4,128,365 |
| 집기비품 | 424,549 | 55,507 | 187,658 | (3,303) | (173,658) | (1,189) | 489,564 |
| 기타유형자산 | 206,618 | 3,577 | 79,172 | (288) | (17,647) | (113,624) | 157,808 |
| 건설중인자산 | 3,882,050 | 4,110,106 | (3,525,985) | (1,192) | – | (194,636) | 4,270,343 |
| 계 | 35,543,083 | 4,356,701 | – | (264,559) | (3,175,285) | (306,750) | 36,153,190 |

옆 화면은 현대자동차의 2022년 재무제표 주석에서 확인한 유형자산 변동 내역이다. 2022년 4조 원이 넘는 금액을 신규 유형자산 취득에 사용했으며, 감가상각비는 3.1조 원 발생했다.

또한 매년 3조 원이 넘는 금액을 연구개발에 투자하고 있다.

(단위 : 백만 원)

| 과 목 | 2022년 (제55기) | 2021년 (제54기) | 2020년 (제53기) | 비 고 |
|---|---|---|---|---|
| 연구개발비용 계 | 3,340,589 | 3,100,111 | 3,108,591 | – |
| (정부보조금) | (4,016) | (2,214) | (11,530) | – |
| 연구개발비/매출액 비율 [연구개발비용계÷당기매출액×100] | 2.3% | 2.6% | 3.0% | – |

위 화면은 현대자동차의 2022년 사업보고서에 있는 연구개발비다. 매년 현대자동차는 기초소재 연구부터 자율주행 등 다양한 분야에서 연구활동을 대규모로 진행하고 있다.

## ▷ 매년 3~4조 원 규모의 판매보증 충당부채 신규 설정 ◁

(단위 : 백만 원)

| 구분 | 당기 | | | 전기 | | |
|---|---|---|---|---|---|---|
| | 판매보증(*) | 종업원급여 | 기타 | 판매보증 | 종업원급여 | 기타 |
| 기초 | 9,048,185 | 676,432 | 1,154,167 | 8,514,173 | 729,996 | 1,126,719 |
| 설정액 | 4,347,523 | 3,900 | 953,430 | 2,900,638 | 42,595 | 680,707 |
| 사용액 | (3,133,544) | (83,682) | (645,750) | (2,551,716) | (96,713) | (631,469) |
| 환율차이로 인한 변동 등 | 137,363 | 1,987 | (29,430) | 185,090 | 554 | (21,790) |
| 기말 | 10,399,527 | 598,637 | 1,432,417 | 9,048,185 | 676,432 | 1,154,167 |

(*) 당기 중 세타2 엔진 등 리콜 관련 새로운 정보의 획득과 추가적인 경험의 축적으로 인하여 판매보증 충당부채에 해당 효과를 반영함.

현대자동차는 매년 일정 규모<sub>경상충당금</sub>의 충당부채를 새롭게 설정한다. 우리가 익히 잘 알고 있듯이 현대자동차는 판매한 자동차에 대해서 일정 기간 품질보증과 관련 A/S를 진행하고 있다. 따라서 관련 비용을 미리 판매보증 충당부채로 매년 설정하고 있다.

또한 엔진 등 판매 제품 리콜과 관련된 특정 이벤트 발생 시 추가로 판매보증 충당부채를 설정하고 있다. 2022년(당기) 현대자동차는 판매보증 충당부채를 전년보다 1.4조 원 많은 4.3조 원을 설정했다. '세타2 엔진 등 리콜 이벤트'를 반영했다고 그 이유를 아래에 서술했다. '세타2 엔진 등 리콜 이벤트'는 기아자동차의 영업이익에 많은 영향을 미쳤다.

(단위 : 백만 원)

| 구 분 | 제 79(당) 기 | | | 제 78(전) 기 | | |
|---|---|---|---|---|---|---|
| | 판매보증<br>충당부채(*1) | 기타<br>충당부채(*2) | 합 계 | 판매보증<br>충당부채 | 기타<br>충당부채 | 합 계 |
| 기초 잔액 | 4,640,702 | 246,527 | 4,887,229 | 4,556,643 | 133,723 | 4,690,366 |
| 설정(환입)액 | 4,266,213 | (46,168) | 4,220,045 | 1,823,375 | (19,533) | 1,803,842 |
| 사용액 | (2,454,520) | (7,475) | (2,461,995) | (1,853,095) | (23,272) | (1,876,367) |
| 기타증감액 | 190,382 | 818 | 191,200 | 113,779 | 155,609 | 269,388 |
| 기말 잔액 | 6,642,777 | 193,702 | 6,836,479 | 4,640,702 | 246,527 | 4,887,229 |
| 유동부채 | 5,025,453 | 31,236 | 5,056,689 | 3,140,851 | 25,119 | 3,165,970 |
| 비유동부채 | 1,617,324 | 162,466 | 1,779,790 | 1,499,851 | 221,408 | 1,721,259 |

(*1) 당기 중 세타2 엔진 등 리콜관련 새로운 정보의 획득과 추가적인 경험의 축적으로 인하여 판매보증충당부채에 해당 효과를 반영하였습니다.

위 화면은 기아자동차의 2021년(제78기)−2022년(제79기) 충당부채 변동 내역이다. **2022년 기아자동차는 전년보다 2.4조 원 많은 4.2조**

원의 판매보증 충당부채를 새롭게 설정했다. 그 결과 기아자동차의
영업이익에 많은 영향을 미쳤다.

| | | (단위 : 백만 원) |
|---|---|---|
| 구 분 | 제 79(당) 기 | 제 78(전) 기 |
| 광고선전비 | 1,702,981 | 1,436,200 |
| 판매촉진비 | 1,020,909 | 990,153 |
| 판매보증비 | 3,810,276 | 1,818,535 |
| 운반비 | 55,760 | 44,636 |
| 해외시장개척비 및 수출제비 | 345,209 | 288,639 |
| 합 계 | 6,935,135 | 4,578,163 |

위 화면은 기아자동차의 2022년 재무제표 주석에서 확인한 판매비
내역이다. 2022년(제79기) 판매보증비가 2021년(제78기)보다 2조 원
증가한 3.8조 원임을 확인할 수 있다.

| | | | (단위 : 백만 원) |
|---|---|---|---|
| | 제 79 기 | 제 78 기 | 제 77 기 |
| 매출액 | 86,559,029 | 69,862,366 | 59,168,096 |
| 매출원가 | 68,536,010 | 56,937,165 | 49,222,564 |
| 매출총이익 | 18,023,019 | 12,925,201 | 9,945,532 |
| 판매비와관리비 | 10,789,899 | 7,859,516 | 7,879,075 |
| 판매비 | 6,935,135 | 4,578,163 | 4,910,714 |
| 관리비 | 3,854,764 | 3,281,353 | 2,968,361 |
| 영업이익 | 7,233,120 | 5,065,685 | 2,066,457 |

앞 화면은 기아자동차의 2020년(제77기)-2022년(제79기) 연결손익계산서 일부다. 2022년 전년 대비 판매보증 충당부채 2.4조 원의 증가 영향으로, 전체 판매비도 전년보다 크게 증가한 것을 확인할 수 있다.

만일 리콜 이벤트가 발생하지 않았다면, 2022년 기아자동차의 영업이익은 9조 원이 넘었을 것이다.

## ▷ 높은 원재료 ◁

(단위 : 백만 원)

| 구분 | 당기 | 전기 |
|---|---|---|
| 재고자산의 변동 | (1,677,346) | 434,257 |
| 원재료 및 상품 사용액 | 80,774,363 | 67,579,441 |
| 종업원급여 | 10,667,028 | 9,613,599 |
| 감가상각비 | 3,180,687 | 2,937,914 |
| 무형자산상각비 | 1,866,935 | 1,617,823 |
| 기타 | 40,746,206 | 30,583,048 |
| 계(*) | 135,557,873 | 112,766,082 |

위 화면은 현대자동차의 2022년(당기) 재무제표 주석에서 확인한 비용의 성격별 분류다. 전체 비용 135.5조 원 중 60%에 가까운 79.1조 원이 원재료 비용이다. 또한 고정비 성격의 종업원 급여와 감가상각비가 15조 원을 넘는다.

148

현대자동차가 다른 제조 업종에 속하는 기업들과 차이를 보이는 부분이 바로 현금흐름이다. 매년 많은 이익을 내는 기업들의 현금흐름은 영업활동현금흐름은 플러스, 투자활동현금흐름과 재무활동현금흐름은 마이너스를 기록하는 것이 일반적이다.

기업이 영업활동을 통해서 많은 이익을 내서영업활동현금흐름 플러스 필요한 유형자산 취득투자활동현금흐름 마이너스에 사용도 하고, 외부에서 조달한 차입금도 일부 상환재무활동현금흐름 마이너스을 하는 모습이 건강한 기업활동이다.

간혹 대규모 설비투자가 필요한 경우가 있다. 그런 경우에는 영업활동으로 창출한 현금이 부족해서 외부 차입으로 충당하기 때문에, 재무활동현금흐름이 일시적으로 플러스일 수 있다.

그런데 현대자동차의 현금흐름은 일반적인 제조 기업들과 분명한 차이점이 있다. 그 부분을 살펴보자.

## ▷ 현대자동차, 금융업이 현금흐름을 집어삼키다 ◁

(단위 : 백만 원, %)

| 주요제품 | | 구분 | 2022년 (제55기) | | 2021년 (제54기) | | 2020년 (제53기) | |
|---|---|---|---|---|---|---|---|---|
| | | | 금액 | 비중 | 금액 | 비중 | 금액 | 비중 |
| 금융 부문 | 할부금융, 리스, 신용카드 | 매출액 | 20,037,912 | 14.1 | 16,782,412 | 14.3 | 16,848,079 | 16.2 |
| | | 영업이익 | 1,844,571 | 18.8 | 2,195,377 | 32.9 | 1,367,913 | 57.1 |
| | | 내부매출액 | (268,245) | 0.4 | (318,479) | 0.6 | (353,708) | 0.8 |

앞 화면은 현대자동차의 2022년 사업보고서에서 확인한 금융 부문의 영업 현황이다. 현대자동차의 주된 영업은 차량의 제작 판매로 전체 매출의 80% 내외를 차지한다.

금융 부문의 매출 비중은 14.1%, 영업이익 비중은 18.8%임을 확인할 수 있다.

이제 현대자동차의 현금흐름을 확인해보자.

(단위 : 백만 원)

| | 제 55 기 | 제 54 기 | 제 53 기 |
|---|---|---|---|
| 영업활동으로 인한 현금흐름 | 10,627,311 | (1,176,416) | (409,807) |
| 영업으로부터 창출된 현금흐름 | 14,316,895 | 1,182,890 | 1,741,167 |
| 연결당기순이익 | 7,983,614 | 5,693,077 | 1,924,553 |
| 조정 | 20,255,938 | 15,777,589 | 16,808,385 |
| 영업활동으로 인한 자산·부채의 변동 | (13,922,657) | (20,287,776) | (16,991,771) |

위 화면은 현대자동차의 2020년(제53기)-2022년(제55기) 영업활동 현금흐름 일부다. 매년 2~8조 원의 당기순이익을 기록했음에도 불구하고 영업활동으로 인한 자산부채의 변동 영향으로, 2020년과 2021년 전체 영업활동현금흐름은 마이너스였다.

그 이유를 다음 화면에서 확인해보자.

| | 2022. 12. 31 | | 2021. 12. 31 | |
|---|---|---|---|---|
| 3. 영업활동으로 인한 자산·부채의 변동 | | (13,922,657) | | (20,287,776) |
| 매출채권의 감소(증가) | (1,325,728) | | 280,750 | |
| 기타채권의 감소(증가) | 622,992 | | (161,098) | |
| 기타금융자산의 감소 | 1,423,023 | | 237,835 | |
| 재고자산의 감소(증가) | (2,721,100) | | 177,234 | |
| 기타자산의 증가 | (83,879) | | (381,923) | |
| 매입채무의 증가 | 1,146,082 | | 555,739 | |
| 미지급금의 증가 | 2,186,971 | | 13,702 | |
| 기타부채의 증가 | 2,086,192 | | 1,057,959 | |
| 기타금융부채의 감소 | (1,597) | | (11,583) | |
| 순확정급여자산(부채)의 증가(감소) | (573,780) | | (678,416) | |
| 퇴직금의 지급 | (100,001) | | (79,930) | |
| 충당부채의 감소 | (3,796,018) | | (3,261,759) | |
| 금융업채권의 변동 | (8,457,539) | | (9,551,305) | |
| 운용리스자산의 증가 | (4,689,798) | | (7,649,654) | |

위 화면은 현대자동차의 재무제표 주석에서 확인한 2021년오른쪽과 2022년왼쪽 영업활동으로 인한 자산부채 변동 내역이다. 대부분의 제조업에 속하는 기업의 경우에는 전체 영업활동으로 인한 자산부채의 변동에 매출채권, 재고자산, 매입채무의 변동이 가장 큰 영향을 미친다.

그러나 현대자동차는 '금융업채권의 변동주로 할부 금융'과 '운용리스자산의 증가리스용자산 매입'가 전체 영업활동현금흐름에 절대적인 마이너스 영향을 미치고 있는 것을 확인할 수 있다.

또한 유형자산의 신규 취득에 4조 원 이상의 자금을 사용하는 관계로, 현대자동차의 투자활동현금흐름은 매년 마이너스 현금흐름이다.

　이제 현대자동차의 재무활동현금흐름을 살펴보자.

(단위 : 백만 원)

| | 2022년도 말 | 2021년도 말 | 2020년도 말 |
|---|---|---|---|
| 재무활동으로 인한 현금흐름 | (1,324,499) | 8,792,286 | 11,352,473 |
| 　단기차입금의 차입 | 3,388,510 | 3,769,996 | 301,587 |
| 　장기차입금 및 사채의 차입 | 30,089,495 | 40,688,506 | 35,536,741 |
| 　종속기업의 증자 | 341,864 | 165,311 | 5,080 |
| 　종속기업의 취득 | | (300,670) | |
| 　단기차입금의 상환 | (6,070,109) | (4,390,047) | |
| 　장기차입금 및 사채의 상환 | (27,086,324) | (29,164,478) | (23,059,360) |

　위 화면은 현대자동차의 2020년-2022년 재무활동현금흐름 일부다. 당기순이익 8조 원을 기록한 2022년을 제외하고, 당기순이익을 각각 2조 원과 5.7조 원 기록한 2020년과 2021년 재무활동현금흐름은 각각 11.3조 원과 8.7조 원 플러스 현금흐름이다.

　그 이유는 외부에서 차입한 자금으로 할부 금융과 리스용자산 매입에 주로 사용했기 때문이다. 즉 **현대자동차 전체 매출의 20%가 되지 않는 금융 부문이, 현대자동차 전체 영업활동현금흐름과 재무활동현금흐름의 방향을 바꿔 놓은 것이다.**

# 10. 유동

매출채권보다
매입채무가 많은 이유?

이마트, 롯데쇼핑

## ▷ 매출채권과 매입채무, B2C 산업의 특징 ◁

(단위 : 원)

|  | 제 12 기 | 제 11 기 | 제 10 기 |
|---|---|---|---|
| 자산 |  |  |  |
| 유동자산 | 5,848,734,597,533 | 5,188,352,945,043 | 4,062,967,203,059 |
| 현금및현금성자산 | 1,269,147,152,210 | 1,010,167,136,773 | 1,113,268,736,193 |
| 매출채권 및 기타수취채권 | 1,664,518,427,877 | 1,626,321,833,112 | 765,362,719,308 |
| 미청구공사 | 26,666,187,578 | 19,582,531,309 | 12,860,312,000 |
| 재고자산 | 2,031,856,626,347 | 1,558,569,874,543 | 1,261,835,862,371 |
| 유동부채 | 9,941,710,322,988 | 9,816,971,044,837 | 5,988,152,922,316 |
| 매입채무 및 기타지급채무 | 3,079,093,155,694 | 2,804,201,643,362 | 2,315,967,897,198 |

앞 화면은 이마트의 2020년(제10기)-2022년(제12기) 재무상태표의
매출채권과 매입채무 규모를 보여주고 있다. 2022년 매입채무가 매
출채권의 2배 수준임을 확인할 수 있다.

**롯데쇼핑 등 다른 유통업에 속하는 기업의 경우도 대부분 매출채권
대비 매입채무 규모가 더 크다. B2C 기업 특성상 판매 상품을 주로 신
용매입채무으로 들여와서 일반 소비자에게 판매하기 때문이다.**

이는 이마트, 롯데쇼핑의 현금흐름영업활동으로 인한 자산 부채의 변동에 긍정
적인 영향을 미치게 된다.

(단위 : 원)

|  | 제 53 기 | 제 52 기 | 제 51 기 |
|---|---|---|---|
| 자산 |  |  |  |
| 유동자산 | 6,179,514,075,813 | 7,000,185,490,914 | 6,290,692,042,539 |
| 현금및현금성자산 | 1,800,809,705,742 | 2,398,788,978,689 | 1,913,235,610,358 |
| 매출채권및기타채권 | 805,183,467,950 | 625,501,297,125 | 663,522,831,468 |
| 유동부채 | 10,622,585,640,821 | 8,994,249,448,657 | 8,779,997,004,542 |
| 차입금및사채 | 4,894,848,443,231 | 3,564,742,247,058 | 3,947,546,579,453 |
| 매입채무및기타채무 | 2,566,310,260,103 | 2,419,870,120,532 | 2,177,179,045,216 |

위 화면은 롯데쇼핑의 2020년(제51기)-2022년(제53기) 재무상태표
의 매출채권과 매입채무 규모를 보여주고 있다. 연도별로 매입채무가
매출채권보다 2~3배 많다.

154

# ▷ 유형자산의 대부분은 토지와 건물, 미미한 연구개발비 ◁

(단위 : 백만 원)

| 구 분 | 토지 | 건물 및 구축물 | 기타유형자산 | 건설중인자산 | 합 계 |
|---|---|---|---|---|---|
| 기초순장부금액 | 4,378,050 | 3,667,031 | 1,738,186 | 223,477 | 10,006,744 |
| 취득 및 자본적지출 | 40,688 | 81,488 | 530,431 | 509,948 | 1,162,555 |
| 본계정대체로 인한 증감 | 18,899 | 73,051 | 99,561 | (191,511) | |
| 타계정대체로 인한 증감(*1)(*2)(*3) | (70,185) | (30,417) | 25,007 | (37,351) | (112,946) |
| 사업결합으로 인한 증가 | 85,102 | 13,223 | 17,707 | 379 | 116,411 |
| 처분 및 폐기(*4) | (18,464) | (21,334) | (24,886) | (724) | (65,408) |
| 종속기업처분으로 인한 감소(*4) | - | - | (2,228) | (921) | (3,149) |
| 감가상각비 | - | (241,798) | (535,777) | - | (777,575) |
| 유형자산손상차손(*5) | - | (965) | (8,199) | - | (9,164) |
| 유형자산손상차손환입 | 452 | 1,230 | 324 | - | 2,006 |
| 환율변동효과 | 4,295 | 398 | 15,855 | 4,528 | 25,076 |
| 기말순장부금액 | 4,438,837 | 3,541,907 | 1,855,981 | 507,825 | 10,344,550 |
| 취득원가 | 4,440,546 | 6,578,204 | 4,371,842 | 507,825 | 15,898,417 |
| 감가상각 및 손상차손누계액 | (1,709) | (3,036,011) | (2,515,238) | - | (5,552,958) |
| 정부보조금 | - | (286) | (623) | - | (909) |

위 화면은 이마트의 2022년 재무제표 주석에서 확인한 유형자산 변동 내역이다. 전체 유형자산 10조 원 중 7.9조 원이 토지와 건물이다. 대형 할인점을 운영하는 이마트의 영업 특성상 당연히 토지와 건물을 많이 소유하고 있는 것이다. 건물을 임대한 사용권자산 역시 3조 원이 넘고 있다.

반면에 업종 특성상 매출액 대비 연구개발비 비중은 0.1%로 극히 미미하다.

| 과 목 | 기초장부금액 | 취 득 | 상 각 | 손 상 | 처 분 | 기타증(감)(*) | 기말장부금액 |
|---|---|---|---|---|---|---|---|
| 토지 | 8,160,516,789 | 3,020,942 | - | - | (1,141,215) | (101,287,968) | 8,061,108,548 |
| 건물 | 4,911,510,868 | 37,641,120 | (196,729,606) | (18,651,842) | (1,356,737) | (8,787,670) | 4,723,626,133 |
| 구축물 | 145,380,463 | 104,053 | (8,971,492) | (3,650,148) | (108) | 2,056,517 | 134,919,285 |
| 기계장치 | 58,551,383 | 3,935,103 | (14,377,781) | (18,442,350) | (102,960) | 4,968,323 | 34,531,718 |
| 차량운반구 | 1,294,143 | 684,487 | (568,196) | (74,863) | (113,400) | (30,108) | 1,192,063 |
| 장치장식물 | 38,775,926 | 9,642,840 | (18,099,183) | (3,308,868) | (747,211) | 9,564,195 | 35,827,699 |
| 비품 | 748,476,363 | 258,398,458 | (265,569,966) | (50,147,399) | (10,358,211) | 54,832,703 | 735,631,948 |
| 공구와기구 | 15,206,744 | 1,374,030 | (6,152,875) | (272,338) | (70,265) | 4,469,550 | 14,554,846 |
| 기타의유형자산 | 11,701,575 | 121,586 | (931,195) | (4,108) | (490) | 190,364 | 11,077,732 |
| 건설중인자산 | 487,112,005 | 228,174,218 | - | (2,674,663) | (842,272) | (138,815,518) | 572,953,770 |
| 합 계 | 14,578,526,259 | 543,096,837 | (511,400,294) | (97,226,579) | (14,732,869) | (172,839,612) | 14,325,423,742 |

(단위 : 천 원)

위 화면은 롯데쇼핑의 2022년 재무제표 주석에서 확인한 유형자산 변동 내역이다. 이마트와 마찬가지로 전체 유형자산의 대부분이 토지와 건물이며, 감가상각비의 절반 이상은 비품에서 발생했다.

## ▷ 높은 원재료 ◁

(단위 : 백만 원)

| 구 분 | 당 기 | 전 기 |
|---|---|---|
| 재고자산의 변동 | (570,703) | (187,316) |
| 상품 및 원·부재료 매입액 | 17,957,437 | 16,084,603 |
| 공사재료비 | 335,626 | 225,499 |
| 공사외주비 | 906,735 | 761,521 |
| 급여 및 퇴직급여 | 3,298,736 | 2,491,327 |
| 지급수수료 | 2,830,777 | 2,103,452 |
| 임차료 | 343,329 | 124,312 |
| 감가상각비 및 무형자산상각비(*) | 1,560,745 | 1,137,180 |
| 광고선전비 | 291,490 | 153,231 |
| 판매촉진비 | 186,601 | 107,957 |
| 기타 | 2,055,989 | 1,614,124 |
| 매출원가 및 판매비와관리비의 합계 | 29,196,762 | 24,615,890 |

옆 화면은 이마트의 2021년(전기)−2022년(당기) 비용의 성격별 분류다. 재무제표 주석에서 확인했다.

대형 할인점이 주된 영업인 이마트 특성상 전체 비용 29조 원 중 60%가 상품 및 원재료 매입액이다. 롯데쇼핑 역시 전체 비용의 절반 이상이 원재료 비용이다.

이마트의 또 한 가지 재무제표 특성은 바로 상품권이다.

(단위 : 원)

| | 2022. 12. 31 | 2021. 12. 31 | 2020. 12. 31 |
|---|---|---|---|
| 유동부채 | 9,941,710,322,988 | 9,816,971,044,837 | 5,988,152,922,316 |
| 매입채무 및 기타지급채무 | 3,079,093,155,694 | 2,804,201,643,362 | 2,315,967,897,198 |
| 초과청구공사 | 84,803,954,324 | 86,938,488,178 | 98,307,411,383 |
| 단기차입금 | 2,662,626,894,411 | 2,566,131,979,504 | 1,199,235,847,185 |
| 단기파생상품부채 | 471,215,897 | 1,266,112,995 | 25,074,400,795 |
| 상품권 | 1,317,184,248,895 | 1,197,427,264,756 | 1,012,385,654,638 |
| 미지급법인세 | 286,051,239,373 | 328,699,991,920 | 194,960,436,724 |
| 기타단기금융부채 | 1,764,879,080,301 | 1,818,446,037,479 | 911,576,495,075 |
| 기타유동부채 | 746,600,534,093 | 1,013,859,526,643 | 230,644,779,318 |
| 비유동부채 | 9,776,649,268,038 | 9,024,858,042,286 | 5,855,691,897,405 |
| 장기차입금 | 4,684,580,736,121 | 4,117,338,304,751 | 2,109,544,551,296 |
| 장기파생상품부채 | 17,884,406,971 | 4,822,770,969 | 53,495,404,944 |
| 순확정급여부채 | 1,832,741,401 | 43,264,395,013 | 114,876,658,907 |
| 이연법인세부채 | 915,394,240,391 | 1,061,994,121,274 | 295,438,670,792 |
| 기타장기금융부채 | 3,839,851,050,314 | 3,475,819,360,041 | 3,053,798,691,864 |
| 기타비유동부채 | 317,106,092,840 | 321,619,090,238 | 228,537,919,602 |
| 부채 총계 | 19,718,359,591,026 | 18,841,829,087,123 | 11,843,844,819,721 |

위 화면은 이마트의 2022년 재무상태표 전체 부채 내역이다. 총 부채 19.7조 원 중 1.3조6.5% 원이 상품권이다. 판매한 상품권은 고객에

게 재화나 용역을 제공할 의무가 생겼기 때문에 부채다. 롯데쇼핑 역시 1조 원 수준의 상품권 부채를 가지고 있다.

상품권 판매가 증가할수록 부채비율은 높아지지만, 현금흐름은 개선되고 향후 매출이 늘어나는 긍정적인 효과가 있다. 대한항공의 부채인 이연수익마일리지과 같은 효과다.

# 11. 제약, 바이오

무형자산에 대한
손상차손을 확인하자

삼성바이오로직스, 셀트리온, 한미약품, 대웅제약

## ▷ 생산설비에 대한 적은 감가상각비 ◁

(단위 : 천 원)

| 구 분 | 기 초 | 취 득 | 사업결합으로 인한 취득 | 처분 등 | 상 각 | 정부보조금 상각 | 기타증감 | 기 말 |
|---|---|---|---|---|---|---|---|---|
| 토지 | - | 185,978 | 133,036,176 | - | - | - | 7,842,405 | 141,064,559 |
| 건물 | 719,023,013 | 28,188,620 | 165,426,077 | - | (26,341,185) | - | 347,477,395 | 1,233,773,920 |
| 구축물 | 9,297,426 | 627,000 | 2,531,225 | - | (312,003) | 372 | (547,720) | 11,596,300 |
| 기계장치 | 876,565,650 | 38,392,621 | 15,106,083 | (1,869,184) | (136,042,691) | - | 380,560,121 | 1,172,712,600 |
| 차량운반구 | 162,987 | 548 | - | - | (74,890) | - | 194,712 | 283,357 |
| 기타유형자산 | 18,654,735 | 5,076,879 | 4,555,508 | (3,470) | (10,242,875) | - | 13,858,558 | 31,899,335 |
| 건설중인자산 | 583,359,895 | 986,826,031 | 6,380,130 | (54,932) | - | - | (751,312,358) | 825,198,766 |
| 합 계 | 2,207,063,706 | 1,059,297,677 | 327,035,199 | (1,927,586) | (173,013,644) | 372 | (1,926,887) | 3,416,528,837 |

위 화면은 삼성바이오로직스의 2022년 사업보고서 재무제표 주석
에서 확인한 유형자산 변동 내역이다. 생산설비 8,765억 원에 대해

발생한 감가상각비는 1,360억 원이다.

  셀트리온, 한미약품 등 대부분의 제약·바이오 기업들의 생산설비에 대한 감가상각비는 다른 제조 업종과 비교해서 적은 편이다. 그 결과 삼성바이오로직스의 보유 유형자산과 비교해서 매년 발생하는 감가상각비 역시, 다른 제조 업종보다 적었다.

## ▷ 연구인력과 연구개발비 ◁

  바이오 신약개발 기업의 사업보고서에서 무엇보다 중요하다고 생각하는 부분이 바로 연구인력과 연구개발 투자 규모다.

[삼성바이오로직스]
삼성바이오로직스는 공시서류 작성기준일 현재 박사급 68명, 석사급 248명 등 연구전담 인력 총 608명을 보유하고 있으며, 그 현황은 다음과 같습니다.

(단위 : 명)

| 구 분 | 박사 | 석사 | 기타 | 합계 |
|---|---|---|---|---|
| MSAT BU | 22 | 122 | 219 | 363 |
| CDO개발센터 | 14 | 100 | 68 | 182 |
| 바이오연구소 | 32 | 26 | 4 | 62 |
| SBA R&D팀 | – | – | 1 | 1 |
| 합 계 | 68 | 248 | 292 | 608 |

[삼성바이오에피스]
삼성바이오에피스는 공시서류 작성기준일 현재 박사급 95명, 석사급 205명 등 연구전담 인력 총 512명을 보유하고 있으며, 그 현황은 다음과 같습니다.

(단위 : 명)

| 구 분 | 박사 | 석사 | 기타 | 합계 |
|---|---|---|---|---|
| 선행개발본부 | 21 | 11 | 8 | 40 |
| 개발본부 | 74 | 194 | 204 | 472 |
| 합 계 | 95 | 205 | 212 | 512 |

필자는 **신약개발에서 성공 가능성을 높이는 일은 결국, 연구개발에 얼마나 많은 핵심인력과 비용을 투자하느냐에 달려있다고 생각한다.**

삼성바이오로직스는 바이오 의약품을 위탁 생산하는 CMO 사업, 세포주개발에서부터 초기 임상까지 개발 서비스를 제공하는 CDO 사업을 영위하고 있는 회사다.

삼성바이오에피스는 바이오시밀러개발 및 상업화에 중점을 두고 영업활동을 하고 있는 회사다.

옆 화면은 이 두 회사의 연구인력 현황이다. 핵심 연구인력박사, 석사은 총 600명 이상이다. 셀트리온은 400명의 핵심 연구인력박사, 석사이 연구활동을 하고 있다.

(단위 : 억 원, %)

| 구분 | | 2022년도 (제12기) | 2021년도 (제11기) | 2020년도 (제10기) |
|---|---|---|---|---|
| 비용의 성격별 분류 | 원재료비 | 512 | 164 | 193 |
| | 인건비 | 1,004 | 444 | 357 |
| | 감가상각비 | 228 | 160 | 105 |
| | 외주용역비 | 807 | - | - |
| | 기타 | 131 | 151 | 131 |
| | 연구개발비용 합계 | 2,682 | 919 | 786 |
| 회계처리 내역 | 판매관리비 | 813 | 34 | 51 |
| | 제조경비 | 1,182 | 885 | 735 |
| | 개발비(무형자산) | 687 | - | - |
| | 연구개발비용 합계 | 2,682 | 919 | 786 |
| 연구개발비/매출액 비율 [연구개발비용 합계 / 당기매출액*100] | | 8.9% | 5.9% | 6.7% |

앞 화면은 삼성바이오로직스의 2022년 사업보고서에서 확인한 매출액 대비 연구개발비 비중이다. 전체 연구개발비는 2,682억 원으로 전년보다 크게 증가했다. 주된 이유는 2022년에 삼성바이오에피스가 새롭게 연결대상 회사<sub>지분율 100%</sub>로 편입이 되었기 때문에, 연구개발비가 크게 증가한 것이다.

또한 바이오시밀러 사업을 주로 하고 있는 삼성바이오에피스의 연구개발비 687억 원이, 무형자산으로 회계 처리가 된 것으로 보인다. 왜냐하면 화면에서 볼 수 있듯이 삼성바이오에피스가 연결대상 회사로 편입되기 전인 2020년과 2021년에, 무형자산으로 회계 처리된 연구개발비가 없었기 때문이다.

(단위 : 천 원)

| 구 분 | | 제32기 | 제31기 | 제30기 |
|---|---|---|---|---|
| 비용의 성격별 분류 | 원 재 료 비 | 82,326,387 | 75,555,557 | 94,567,975 |
| | 인 건 비 | 79,491,602 | 72,170,473 | 61,384,575 |
| | 감 가 상 각 비 | 8,130,719 | 7,403,615 | 6,299,999 |
| | 위 탁 용 역 비 | 212,764,878 | 226,684,252 | 208,235,868 |
| | 기 타 | 29,648,401 | 48,559,260 | 18,747,453 |
| | 연구개발비용 계 | 412,361,987 | 430,373,157 | 389,235,870 |
| 회계처리 내역 | (정부보조금) | (78,622) | (32,406,042) | (4,461,600) |
| | 정부보조금 차감후 연구개발비용 계 | 412,283,365 | 397,967,115 | 384,774,270 |
| | 판매비와 관리비 | 139,714,341 | 125,769,269 | 171,437,188 |
| | 개발비(무형자산) | 272,569,024 | 272,197,846 | 213,337,082 |
| | 회계처리금액 계 | 412,283,365 | 397,967,115 | 384,774,270 |
| 매출액 | | 2,283,967,480 | 1,893,401,217 | 1,849,317,335 |
| 연구개발비 / 매출액 비율 [연구개발비용계÷당기매출액×100] | | 18.05% | 21.02% | 20.81% |

162

옆 화면은 셀트리온의 2022년(제32기) 사업보고서에서 확인한 매출액 대비 연구개발비 비중이다. 삼성바이오로직스보다 매출액 대비 두 배가 넘는 규모의 연구개발 관련 투자를 진행하고 있다. 2022년 전체 연구개발비 4,122억 원 중 2,725억 원을 무형자산으로 회계 처리했다.

주된 연구개발활동이 신약개발보다 성공 가능성이 높은 바이오시밀러인 관계로, 무형자산으로 회계 처리하는 금액이 일반 신약개발 회사보다 많은 것으로 판단된다.

(단위 : 명)

| 구 분 | 인 원 | | | | |
|---|---|---|---|---|---|
| | 박사 | 석사 | 학사 | 기타 | 합계 |
| 한미약품 | 68 | 191 | 105 | 22 | 386 |
| 한미정밀화학 | 3 | 31 | 8 | 2 | 44 |
| 북경한미약품 | 3 | 55 | 79 | 17 | 154 |
| 합 계 | 74 | 277 | 192 | 41 | 584 |

위 화면은 국내 대표 제약 회사인 한미약품의 2022년 사업보고서에서 확인한 연구인력 현황이다. 핵심 연구인력이 351명으로 삼성바이오로직스나 셀트리온과 비교해서 적다고 할 수 없다.

(단위 : 백만 원, %)

| 구 분 | | 제13기 | 제12기 | 제11기 |
|---|---|---|---|---|
| 비용의 성격별 분류 | 연구개발비용 합계 | 177,948 | 161,534 | 226,129 |
| 회계처리 내역 | 판매비와 관리비 | 150,871 | 145,521 | 213,167 |
| | 제조경비 | 11,483 | 9,705 | 8,413 |
| | 개발비(무형자산) | 12,387 | 5,528 | 4,549 |
| | 회계처리금액 계 | 174,741 | 160,754 | 226,129 |
| | 정부보조금 | 3,207 | 780 | - |
| | 연구개발비용 합계 | 177,948 | 161,534 | 226,129 |
| 연구개발비/매출액 비율 [연구개발비용 합계 ÷ 당기매출액 × 100] | | 13.4% | 13.4% | 21.0% |

위 화면은 한미약품의 2022년(제13기) 매출액 대비 연구개발비 비중이다. 전체 연구개발비 1,779억 원 중 무형자산으로 회계 처리된 금액은 123억 원이다.

성공 가능성이 불투명한 신약개발이 주된 연구개발의 목적인 관계로, 바이오시밀러 개발 회사보다 무형자산으로 회계 처리한 비중이 훨씬 적음을 확인할 수 있다.

〈연구개발 인력 현황〉

(단위 : 명)

| 구분 | | 인원 | | | |
|---|---|---|---|---|---|
| | | 박사 | 석사 | 학사 | 합계 |
| | 신약개발팀 | 3 | 4 | 2 | 9 |

옆 화면은 어느 상장기업바이오 신약개발 회사의 2022년 사업보고서에 나와 있는 연구인력 현황이다. 10명이 되지 않는 인력만 있다. 물론 연구개발 성과가 연구인력과 항상 비례한다고 말할 수는 없지만, 위의 기업처럼 극히 적은 연구인력으로 신약개발을 기대하는 것 자체가 무리라고 생각한다.

## ▷ 무형자산에 대한 손상차손을 확인하자 ◁

신약개발 회사에 투자하고 있다면 재무제표에서 해당 기업의 무형자산개발비에 대한 손상차손이 발생하고 있는지, 발생했다면 구체적인 상세 내역까지 꼭 확인해야 한다. **신약개발 회사들이 연구개발비를 무형자산으로 회계 처리했다는 의미는 신약개발 가능성이 높다는 의미다. 그리고 신약개발 성공 가능성에 대한 기대감은 이미 주가에 반영되어 있는 경우가 많다.**

그런데 **무형자산으로 회계 처리한 개발비의 '손상차손'은 곧 신약개발 실패를 의미한다.** 여기서 우리는 신약개발만이 유일한 영업활동인 기업과 일반 제약 회사는 구별해서 분석할 필요가 있다.

한미약품, 녹십자, 종근당 등 국내 대표 제약 회사들 역시 신약개발에 많은 투자를 하고 있다. 그리고 일반 제약 회사들도 연구개발비 일부는 무형자산주로 임상3상부터 발생하는 개발비으로 회계 처리하고 있다. 만일 신약개발에 실패할 경우에 제약 회사들도 무형자산을 손실손상차손 처리한다.

그러나 제약 회사들은 기본적으로 의약품 판매로 매출과 이익이 나는 기업들이다. 기업의 존폐가 신약개발 성공 여부에 달려 있지 않다는 뜻이다. 하지만 신약개발만이 유일한 영업활동인 기업의 경우는 신약개발 실패가 기업 및 주가에 치명적일 수 있다. 실제로 임상실험 실패로 주가가 나락으로 떨어진 신약개발 회사들이 적지 않았다.

(단위 : 천 원)

(당기)

| 구 분 | 특허권 | 개발비(*) | 비한정내용연수 | 기타무형자산 | 건설중인자산 | 합 계 |
|---|---|---|---|---|---|---|
| 기초 | 550,500 | 46,731,410 | 6,671,277 | 8,095,449 | 5,102,385 | 67,151,021 |
| 외부취득 | 111,337 | 3,682,539 | 2,776,102 | 7,693,308 | 3,742,327 | 18,005,613 |
| 내부개발 | – | 7,636,036 | – | – | – | 7,636,036 |
| 대체 | – | – | (2,819,894) | 3,697,759 | (4,060,616) | (3,182,751) |
| 처분 | – | – | (491,667) | – | – | (491,667) |
| 상각 | (143,002) | (72,127) | – | (2,917,085) | – | (3,132,214) |
| 손상차손 | (5,569) | (45,575,961) | (139,895) | – | (42,803) | (45,764,228) |
| 손상차손환입 | – | – | 102,497 | – | – | 102,497 |
| 기타 | (4,212) | (131,868) | – | (120,508) | – | (256,588) |
| 기말 | 509,054 | 12,270,029 | 6,098,420 | 16,448,923 | 4,741,293 | 40,067,719 |

(*) 의약품 부문 개발비 45,575,961천원에 대하여 회수가능가액이 없다고 판단하여
전액 손상차손 인식하였습니다.

위 화면은 어느 신약개발 회사의 무형자산 변동 내역이다. 개발비 대부분을 손상차손 처리했다. **현재 일부 신약개발 회사들은 신약개발에 실패할 경우에 뉴스로 해당 내용을 투자자에게 알리지 않고, 단지 재무제표상으로만 손실 처리하고 있다. 투자자들이 재무제표를 분석해야 하는 또 다른 이유다.**

166

## ▷ 제약 회사와 바이오시밀러 기업의 수익성 차이 ◁

(단위 : 원)

| | 제 12 기 | 제 11 기 | 제 10 기 |
|---|---|---|---|
| 매출액 | 3,001,295,197,683 | 1,568,006,928,039 | 1,164,776,873,641 |
| 매출원가 | 1,532,847,164,868 | 841,555,562,592 | 748,700,763,470 |
| 매출총이익 | 1,468,448,032,815 | 726,451,365,447 | 416,076,110,171 |
| 판매비와관리비 | 484,820,638,438 | 189,141,957,375 | 123,289,556,089 |
| 영업이익(손실) | 983,627,394,377 | 537,309,408,072 | 292,786,554,082 |

위 화면은 삼성바이오로직스의 2020년(제10기)−2022년(제12기) 연결손익계산서 일부다. 2022년에 32.7%라는 높은 영업이익률을 기록했다. 셀트리온 역시 30%대의 높은 영업이익률을 보이고 있다.

한미약품의 수익성을 아래에서 확인해보자.

(단위 : 원)

| | 제 13 기 | 제 12 기 | 제 11 기 |
|---|---|---|---|
| 매출액 | 1,331,546,600,126 | 1,203,185,652,812 | 1,075,853,605,008 |
| 제품매출 | 1,216,935,992,703 | 1,074,464,672,498 | 963,108,696,731 |
| 상품매출 | 97,462,998,393 | 96,616,739,492 | 86,866,133,615 |
| 임가공매출 | 7,796,947,435 | 6,765,084,335 | 7,972,095,228 |
| 기술수출수익 | 3,457,793,949 | 22,671,776,477 | 16,611,034,895 |
| 기타매출 | 5,892,867,646 | 2,667,380,010 | 1,295,644,539 |
| 매출원가 | 612,993,540,469 | 570,433,411,400 | 494,935,310,994 |
| 제품매출원가 | 524,774,962,767 | 475,414,095,385 | 414,134,855,952 |
| 상품매출원가 | 84,371,114,704 | 91,503,973,095 | 77,038,434,609 |
| 임가공매출원가 | 3,559,502,310 | 3,084,006,582 | 3,388,244,182 |
| 기타매출원가 | 287,960,688 | 431,336,338 | 373,776,251 |
| 매출총이익 | 718,553,059,657 | 632,752,241,412 | 580,918,294,014 |
| 판매비와관리비 | 406,145,972,155 | 361,308,938,062 | 319,554,847,457 |
| 경상개발비 | 154,316,776,047 | 146,027,428,599 | 212,387,104,536 |
| 영업이익 | 158,090,311,455 | 125,415,874,751 | 48,976,342,021 |

앞 화면은 한미약품의 2020년(제11기)−2022년(제13기) 연결손익계산서 일부다. 2021년과 2022년 10%대의 영업이익률을 기록했다. 삼성바이오로직스나 셀트리온의 $\frac{1}{3}$ 수준에 불과하다.

그 이유를 아래에서 확인하자.

| | | (단위 : 천 원) |
|---|---|---|
| 구 분 | 당 기 | 전 기 |
| 재공품 및 제품의 변동 | (41,763,456) | (224,694,893) |
| 계약이행원가의 변동 | 6,863,208 | (37,763,302) |
| 원재료 및 저장품 사용액 | 553,425,203 | 426,584,773 |
| 인건비 | 557,251,055 | 372,799,534 |
| 감가상각비 및 무형자산상각비 | 296,808,682 | 150,787,059 |
| 소모품비 | 108,152,002 | 82,847,959 |
| 유틸리티비 | 52,441,943 | 34,215,785 |
| 협력사마케팅비 | 41,744,852 | − |
| 지급수수료 | 191,172,188 | 97,837,181 |
| 기타 | 251,572,126 | 128,083,424 |
| 합 계(*) | 2,017,667,803 | 1,030,697,520 |

위 화면은 삼성바이오로직스의 2022년(당기) 재무제표 주석에서 확인한 비용의 성격별 분류다.

전체 비용 2조 원 중 70%가 원재료비, 인건비, 감가상각비다. 제품 판매와 관련된 지급수수료는 10% 내외다.

| 구분 | 2022년(*1) | 2021년(*1) |
|---|---|---|
| 재고자산의 변동 | 170,062,582 | (125,376,649) |
| 원재료비 | 238,575,485 | 227,727,760 |
| 종업원급여 | 276,427,543 | 252,822,589 |
| 연구관련 시약 및 소모품 구입 | 48,788,556 | 35,159,616 |
| 용역비 | 430,615,667 | 370,598,302 |
| 대손상각비 | 7,512,978 | – |
| 지급수수료 | 58,965,252 | 44,419,006 |
| 세금과공과 | 7,223,417 | 6,821,747 |
| 감가상각비 | 64,723,587 | 61,956,988 |
| 무형자산상각비 | 161,666,436 | 152,202,747 |
| 기타비용 | 182,742,934 | 128,412,050 |
| 합계(*2) | 1,647,304,437 | 1,154,744,156 |

위 화면은 셀트리온의 2022년 재무제표 주석에서 확인한 비용의 성격별 분류다.

삼성바이오로직스와 비슷하게 전체 비용 중 원재료비, 인건비, 감가상각비 등이 큰 비중을 차지하고 있다. 지급수수료는 전체 비용 중 3~4% 수준이다.

| 계정과목 | 당 기 | 전 기 |
|---|---|---|
| 제품과 재공품의 변동 | (43,861,592) | (9,899,437) |
| 원재료, 포장재료의 사용액 | 246,674,622 | 219,094,798 |
| 상품의 판매 | 85,780,501 | 92,823,275 |
| 종업원급여 | 334,423,547 | 294,344,690 |
| 감가상각비와 기타상각비 | 96,842,007 | 89,086,339 |
| 수수료비용 | 235,844,705 | 206,887,467 |
| 광고비 및 판매촉진비 | 73,913,354 | 62,655,311 |
| 소모품비 | 34,321,022 | 30,383,066 |
| 임차료 및 건물관리비 | 24,279,884 | 21,176,406 |
| 운반비 및수출제비 | 3,731,507 | 3,124,069 |
| 교육훈련비 | 2,614,059 | 2,083,287 |
| 여비교통 및 출장비 | 17,990,642 | 16,026,408 |
| 기타 | 60,902,031 | 49,984,099 |
| 합 계 | 1,173,456,289 | 1,077,769,778 |

위 화면은 한미약품의 2022년(당기) 재무제표 주석에서 확인한 비용의 성격별 분류다.

전체 비용 1.1조 원 중 인건비 다음으로 큰 비중을 차지하는 비용이, 바로 판매와 관련된 비용전체 비용의 27%이다.

(단위 : 천 원)

| 구 분 | 당 기 | 전 기 |
|---|---|---|
| 제품과 재공품의 변동 | (23,555,364) | (5,861,471) |
| 원재료와 저장품의 사용액 | 166,253,844 | 138,393,068 |
| 상품의 판매 | 344,735,681 | 345,971,300 |
| 종업원급여 | 168,746,469 | 141,271,253 |
| 지급수수료 | 185,042,564 | 172,556,088 |
| 광고비 및 판매촉진비 | 78,158,234 | 56,813,523 |
| 복리후생비 | 26,650,951 | 20,912,176 |
| 감가상각비 | 38,013,379 | 39,309,258 |
| 외주가공비 | 20,014,832 | 16,583,900 |
| 여비교통비 | 13,944,595 | 11,712,240 |
| 기타 | 166,289,518 | 126,585,043 |
| 합 계 | 1,184,294,703 | 1,064,246,378 |

위 화면은 대웅제약의 2022년(당기) 재무제표 주석에서 확인한 비용의 성격별 분류다. 한미약품과 비슷하게 전체 비용 중 22%가 판매와 관련된 비용이다.

제약 회사 간 의약품 판매 경쟁이 치열한 관계로, 시장점유율을 높이기 위한 비용이 많이 들어가기 때문이다.

**판매와 관련된 비용의 차이로 인해 일반 제약 회사와 바이오시밀러 기업의 수익성에 큰 차이가 생긴 것이다.**

# 12. 여행, 호텔, 카지노
## 코로나19 팬데믹이
## 모든 것을 바꾸다

하나투어, 호텔신라, 강원랜드

## ▷ 코로나19 팬데믹으로 가장 큰 타격을 받은 여행 업종 ◁

(단위 : 원)

|  | 제 29 기 | 제 28 기 | 제 27 기 |
|---|---|---|---|
| 영업수익 | 40,258,281,909 | 109,571,614,320 | 614,602,328,130 |
| 영업비용 | 167,551,792,372 | 224,438,312,806 | 607,142,294,428 |
| 대손상각비 | 1,907,047,125 | 13,343,343,201 | 5,801,390,179 |
| 기타영업비용 | 165,644,745,247 | 211,094,969,605 | 601,340,904,249 |
| 영업이익(손실) | (127,293,510,463) | (114,866,698,486) | 7,460,033,702 |

위 화면은 하나투어의 2019년(제27기)-2021년(제29기) 연결손익계산서 일부다. 코로나19 팬데믹 이전 6천억 원이 넘던 매출영업수익이, 코로나19 팬데믹 이후 최악의 매출을 기록했다. 2021년에 매출이

172

$\dfrac{1}{10}$ 이하로 줄어들었고, 영업적자가 1,272억 원이다.

하나투어는 코로나19 팬데믹 이후 대규모 적자로 인한 운전자본 부족으로, 보유하고 있던 유형자산을 대거 처분해야 하는 어려움을 겪었다.

(단위 : 천 원)

(당기)

| 구 분 | 토 지 | 건 물 | 차량운반구 | 비 품 | 시설장치 | 건설중인자산 | 합 계 |
|---|---|---|---|---|---|---|---|
| 기초금액 | 68,421,487 | 20,823,768 | 1,119,460 | 6,045,633 | 1,604,474 | 372,259 | 98,387,081 |
| 취득 | - | - | 10,100 | 2,153,743 | 98,812 | - | 2,262,655 |
| 처분 | - | - | (250,671) | (16,693) | (7,529) | - | (274,893) |
| 감가상각비 | - | (619,995) | (335,696) | (3,307,686) | (1,243,795) | - | (5,507,172) |
| 자산간 대체(*1) | - | - | 22,233 | 1,080,224 | (22,661) | (367,736) | 712,060 |
| 매각예정자산 대체(*2) | (62,608,999) | (21,855,495) | - | - | - | - | (84,464,494) |
| 연결범위 변동(*3) | - | - | - | 23,547 | (27,091) | - | (3,544) |
| 손상차손 | - | - | (174,334) | (264,818) | (44,718) | - | (483,870) |
| 기타차이 | (132,243) | 2,831,800 | 42,512 | (29,242) | 42,912 | (4,523) | 2,751,216 |
| 기말금액 | 5,680,245 | 1,180,078 | 433,604 | 5,684,708 | 400,404 | - | 13,379,039 |

(*1) 당기 중 무형자산에서 유형자산으로 대체된 금액을 포함하고 있습니다.
(*2) 당기 중 매각예정자산으로 대체되고 처분되었습니다.

위 화면은 하나투어의 2021년 사업보고서 재무제표 주석에서 확인한 유형자산 변동 내역이다. 보유하고 있던 토지와 건물 대부분이 매각된 것을 확인할 수 있다.

(단위 : 천 원)

(당기)

| 구 분 | 부동산 | 차량운반구 | 기타 | 합 계 |
|---|---|---|---|---|
| 기초금액 | 260,246,086 | 3,043,164 | 675,794 | 263,965,044 |
| 취득 | 25,549,901 | 679,630 | 1,773,058 | 28,002,589 |
| 연결범위 변동(*1) | 701,811 | 7,429 | - | 709,240 |
| 처분 | (102,490,397) | (156,501) | (93,811) | (102,740,709) |
| 감가상각비 | (21,701,655) | (1,527,696) | (1,102,339) | (24,331,690) |
| 자산간 대체 | - | (22,233) | - | (22,233) |
| 손상차손 | (19,497,731) | (3,106) | (15,426) | (19,516,263) |
| 기타차이(*2) | (5,901,643) | (56,230) | - | (5,957,873) |
| 기말금액 | 136,906,372 | 1,964,457 | 1,237,276 | 140,108,105 |

앞 화면은 하나투어의 2021년 재무제표 주석에서 확인한 사용권자산 변동 내역이다.

코로나19 팬데믹으로 인해 모든 여행이 사실상 중단이 되자, 하나투어는 임대리스로 빌렸던 건물부동산도 1,000억 원 이상 정리했다.


## ▷ 2023년 1분기 다시 영업 정상화로 ◁

(단위 : 원)

| | 제 31 기 1분기 | | 제 30 기 1분기 | |
|---|---|---|---|---|
| | 3개월 | 누적 | 3개월 | 누적 |
| 영업수익 | 82,976,096,152 | 82,976,096,152 | 9,809,140,199 | 9,809,140,199 |
| 영업비용 | 77,363,745,588 | 77,363,745,588 | 39,466,402,674 | 39,466,402,674 |
| 　대손상각비(환입) | (1,010,259,189) | (1,010,259,189) | (4,221,273) | (4,221,273) |
| 　기타영업비용 | 78,374,004,777 | 78,374,004,777 | 39,470,623,947 | 39,470,623,947 |
| 영업이익(손실) | 5,612,350,564 | 5,612,350,564 | (29,657,262,475) | (29,657,262,475) |


위 화면은 하나투어의 2023년(제31기) 1분기 연결손익계산서 일부다.

코로나19 팬데믹 상황의 사실상 종료로 인해 여행 수요 회복에 따라 매출영업수익이 전년 동기 대비 크게 증가했고, 영업적자에서 영업흑자로 돌아섰다.

(단위 : 천 원)

| 구 분 | 부동산 | 차량운반구 | 기 타 | 합 계 |
|---|---|---|---|---|
| 기초금액 | 73,979,320 | 1,587,937 | 1,034,244 | 76,601,501 |
| 취득 | 16,253,728 | 582,310 | 20,793 | 16,856,831 |
| 처분 | (1,026,904) | - | - | (1,026,904) |
| 상각비 | (3,389,503) | (360,587) | (278,564) | (4,028,654) |
| 손상차손(환입) | 1,410 | - | - | 1,410 |
| 기타차이(*) | 2,120,778 | 36,644 | - | 2,157,422 |
| 분기말금액 | 87,938,829 | 1,846,304 | 776,473 | 90,561,606 |

위 화면은 하나투어의 2023년 1분기 재무제표 주석에서 확인한 사용권자산 변동 내역이다. 여행 수요의 회복으로 다시 건물부동산과 차량차량 운반구 리스가 증가한 것을 확인할 수 있다.

## ▷ 관광수탁금도 증가 ◁

**관광수탁금이란 여행사가 고객으로부터 미리 결제받은 여행대금으로 재무제표상 부채에 해당한다.** 이마트의 상품권, 대한항공의 이연수익마일리지과 같은 성격의 부채다.

(단위 : 천 원)

| 구 분 | 당분기 | 전분기 |
|---|---|---|
| 매출채권의 감소 | 5,799,826 | 257,280 |
| 기타채권의 감소(증가) | (382,417) | 799,468 |
| 재고자산의 증가 | (2,639,712) | (482,996) |
| 선급금의 감소 | 74,413 | 1,682,563 |
| 기타유동자산의 증가 | (348,060) | (1,142,542) |
| 기타비유동자산의 감소 | 198 | 55,085 |
| 매입채무의 증가 | 10,111,947 | 990,283 |
| 기타채무의 감소 | (3,322,321) | (4,775,527) |
| 관광수탁금의 증가 | 9,397,110 | 3,105,465 |

앞 화면은 하나투어의 2023년 1분기(당 분기) 재무제표 주석에서 확인한 영업활동으로 인한 자산부채 변동 내역 일부다. 관광수탁금도 2022년도 말(전 분기)과 비교해서 증가하고 있음을 확인할 수 있다.

## ▷ 코로나19 팬데믹이 바꿔 놓은 호텔신라 재무제표 ◁

(단위 : 원)

| | 제 48 기 | 제 47 기 | 제 46 기 |
|---|---|---|---|
| I. 매출액 | 3,188,065,338,010 | 5,717,306,417,234 | 4,713,673,210,396 |
| II. 재료비 | (2,092,682,717,574) | (3,300,673,964,006) | (2,462,151,358,082) |
| III. 인건비 | (235,853,114,056) | (310,312,139,371) | (281,397,054,349) |
| IV. 기타영업비용 | (1,044,809,674,514) | (1,810,460,339,013) | (1,761,019,797,197) |
| V. 영업손익 | (185,280,168,134) | 295,859,974,844 | 209,105,000,768 |

위 화면은 호텔신라의 2018년(제46기)-2020년(제48기) 연결손익계산서 일부다. 면세점 사업과 호텔업이 주된 영업인 호텔신라 역시 코로나19 팬데믹의 직격탄을 맞았다.

호텔신라는 매출과 영업이익이 하나투어보다는 1년 빠르게 2021년부터 다시 개선되고 있다. 코로나19 팬데믹 발생과 종료 이후 호텔신라의 재무제표에 나타나는 특징 2가지는 임대료와 알선수수료다.

## ▷ 기타영업 비용의 변화, 임대료와 알선수수료 ◁

(단위 : 천 원)

| 구 분 | 당 기 | 전 기 |
|---|---|---|
| 재고자산의 변동 | 3,214,046,831 | 2,383,221,847 |
| 원재료와 소모품의 사용액 | 86,627,133 | 78,929,511 |
| 종업원급여 | 310,312,139 | 281,397,054 |
| 감가상각비 및 무형자산상각비, 사용권자산상각비 | 219,265,847 | 74,598,191 |
| 기타의 경비 | 1,591,194,492 | 1,686,421,606 |
| 합 계 | 5,421,446,442 | 4,504,568,209 |

위 화면은 호텔신라의 2019년(당기) 재무제표 주석에서 확인한 비용의 성격별 분류다. 전체 비용 5.4조 원 중 3.3조 원이 원재료비로 가장 많다. 영업 특성상 면세점 판매용 상품의 매입 비중이 가장 크다. 그 다음이 기타경비다.

자세한 내용은 다음 화면에서 확인하자.

당기와 전기 중 기타영업비용의 내역은 다음과 같습니다.

(단위 : 천 원)

| 구 분 | 당 기 | 전 기 |
|---|---|---|
| 소모품비 | 27,017,330 | 25,528,254 |
| 세탁비 | 5,102,790 | 4,742,585 |
| 외주용역비 | 222,047,725 | 192,415,488 |
| 여비교통비 | 6,267,471 | 5,972,203 |
| 통신비 | 5,108,502 | 4,696,970 |
| 인쇄비 | 1,372,562 | 1,632,004 |
| 세금과공과 | 18,882,563 | 22,397,665 |
| 알선수수료 | 260,737,753 | 291,534,912 |
| 크레디트수수료 | 62,729,106 | 58,224,237 |
| 지급수수료 | 97,718,504 | 87,458,922 |
| 임차료 | 801,349,189 | 899,268,948 |

앞 화면은 호텔신라의 2019년(당기) 재무제표 주석에서 확인한 기타
영업 비용의 상세 내역이다. 면세점 사업과 관련해서 공항 매장 임차
료가 8,000억 원이 넘었다.

전체 비용 중 원재료비 다음으로 가장 큰 비용이 임차료다.

당기와 전기 중 기타영업비용의 내역은 다음과 같습니다.

|  |  | (단위 : 천 원) |
|---|---|---|
| 구 분 | 당 기 | 전 기 |
| 소모품비 | 13,555,215 | 15,892,794 |
| 세탁비 | 3,408,469 | 4,293,601 |
| 외주용역비 | 144,111,142 | 172,038,639 |
| 여비교통비 | 1,610,250 | 2,178,644 |
| 통신비 | 3,979,244 | 4,667,186 |
| 인쇄비 | 940,461 | 940,536 |
| 세금과공과 | 4,368,129 | 14,320,196 |
| 알선수수료 | 1,062,861,438 | 310,885,964 |
| 크레디트수수료 | 10,478,861 | 15,444,028 |
| 지급수수료 | 20,942,320 | 59,422,778 |
| 임차료 | (45,928,939) | 173,157,678 |

위 화면은 호텔신라의 2021년(당기) 재무제표 주석에서 확인한 기타
영업 비용의 상세 내역이다. 코로나19 팬데믹 발생으로 여행객이 끊
긴 2020년과 2021년 임차료가 코로나19 팬데믹 이전보다 대폭 감소
한 것을 확인할 수 있다. 2021년엔 임차료 459억 원을 환급받았다.

코로나19 팬데믹 이후 여행 산업이 정상화되면서 향후 면세점 사업
과 관련해서, '임차료'라는 비용은 다시 증가할 가능성이 높다는 점을
투자자는 기억해야 한다.

당기와 전기 중 기타영업비용의 내역은 다음과 같습니다.

| | | (단위 : 천 원) |
|---|---|---|
| 구 분 | 당 기 | 전 기 |
| 소모품비 | 17,147,541 | 13,555,215 |
| 세탁비 | 3,904,434 | 3,408,469 |
| 외주용역비 | 148,461,490 | 144,111,142 |
| 여비교통비 | 3,161,172 | 1,610,250 |
| 통신비 | 4,036,124 | 3,979,244 |
| 인쇄비 | 1,163,249 | 940,461 |
| 세금과공과 | 8,655,613 | 4,368,129 |
| 알선수수료 | 1,961,912,447 | 1,062,861,438 |

위 화면은 호텔신라의 2022년(당기) 재무제표 주석에서 확인한 기타 영업 비용의 상세 내역이다. 중국 보따리 상인따이공에게 지급하는 수수료가 코로나19 팬데믹 발생 이전 2~3천억 원대에서 2022년 1.9조 원까지 급증했다.

코로나19 팬데믹 이후 면세점 사업자 간 중국 보따리 상인 유치 경쟁이 과열되면서, 지급수수료율이 크게 증가한 것이다.

(단위 : 원)

| | 제 51 기 1분기 | | 제 50 기 1분기 | |
|---|---|---|---|---|
| | 3개월 | 누적 | 3개월 | 누적 |
| I. 매출액 | 752,139,598,763 | 752,139,598,763 | 1,094,396,771,692 | 1,094,396,771,692 |
| II. 재료비 | (433,378,357,245) | (433,378,357,245) | (516,422,936,404) | (516,422,936,404) |
| III. 인건비 | (60,837,273,393) | (60,837,273,393) | (55,367,556,000) | (55,367,556,000) |
| IV. 기타영업비용 | (223,398,887,745) | (223,398,887,745) | (507,466,272,480) | (507,466,272,480) |
| V. 영업손익 | 34,525,080,380 | 34,525,080,380 | 15,140,006,808 | 15,140,006,808 |

위 화면은 호텔신라의 2023년 1분기(제51기) 연결손익계산서 일부다. 2022년 1분기(제50기)보다 매출이 3,000억 원 이상 감소했으나,

기타영업 비용도 2,800억 원 이상 감소하면서 영업이익은 오히려 증가했다.

당분기와 전분기 중 기타영업비용의 내역은 다음과 같습니다.

(단위 : 천 원)

| 구 분 | 당분기 | 전분기 |
|---|---|---|
| 소모품비 | 3,660,104 | 3,729,730 |
| 세탁비 | 1,059,506 | 924,015 |
| 외주용역비 | 38,310,308 | 35,051,778 |
| 여비교통비 | 788,327 | 368,767 |
| 통신비 | 955,915 | 1,027,536 |
| 인쇄비 | 211,921 | 248,554 |
| 세금과공과 | 2,820,580 | 2,113,444 |
| 알선수수료 | 53,070,484 | 417,796,714 |

위 화면은 호텔신라의 2023년 1분기(당 분기) 기타영업 비용의 상세 내역이다. 2022년 1분기(전 분기) 대비 중국 보따리 상인에게 지급하는 알선수수료가 4,177억 원에서 530억 원으로 대폭 감소했다.

호텔신라 주식 IR 담당자에게 확인해본 결과, 중국 보따리 상인 매출이 줄어들면서 전체 매출도 2022년 1분기보다 크게 하락했다. 매출이 감소한 만큼 알선수수료의 축소로 비용 측면에서도 크게 감소한 것이다.

2023년 코로나19 팬데믹 상황이 종료되면서 중국 보따리 상인 매출이 감소하는 대신 일반 중국 관광객의 매출이 증가하면서, 알선수수료 감소에도 기여했다고 주식 IR 담당자가 확인해줬다.

## ▷ 카지노, 강원랜드 재무제표 특징 ◁

(단위 : 원)

| | 제 25 기 | 제 24 기 | 제 23 기 |
|---|---|---|---|
| 수익(매출액) | 1,270,685,819,109 | 788,432,829,925 | 478,578,866,341 |
| 재화의 판매로 인한 수익(매출액) | 10,384,224,247 | 7,659,265,089 | 5,187,668,969 |
| 용역의 제공으로 인한 수익(매출액) | 1,260,301,594,862 | 780,773,564,836 | 473,391,197,372 |
| 매출원가 | 921,790,726,863 | 726,783,224,807 | 544,499,637,599 |
| 재화의 판매로 인한 수익(매출액)에 대한 매출원가 | 5,884,226,437 | 7,231,422,189 | 4,453,037,397 |
| 용역의 제공으로 인한 수익(매출액)에 대한 매출원가 | 915,906,500,426 | 719,551,802,618 | 540,046,600,202 |
| 매출총이익 | 348,895,092,246 | 61,649,605,118 | (65,920,771,258) |
| 판매비와관리비 | 131,329,878,046 | 114,344,890,902 | 365,663,102,325 |
| 영업이익(손실) | 217,565,214,200 | (52,695,285,784) | (431,583,873,583) |

위 화면은 강원랜드의 2020년(제23기)~2022년(제25기) 연결손익계
산서 일부다. 코로나19 팬데믹이 발생한 2020년 매출액은 4,785억
원으로 2019년 1.5조 원에서 $\frac{1}{3}$ 이하로 급감했다.

그후 2022년 다시 코로나19 팬데믹 이전 수준으로 회복 중이다. 영
업이익도 2020년 4,315억 원 적자에서, 2022년 2,175억 원 흑자 전
환했다.

(단위 : 원)

| | 2022. 12. 31 | 2021. 12. 31 | 2020. 12. 31 |
|---|---|---|---|
| 매출채권및기타채권 | 22,394,067,535 | 11,120,648,356 | 12,415,048,703 |
| 재고자산 | 4,027,395,893 | 3,404,348,885 | 2,159,928,406 |
| 당기법인세자산 | 1,136,530 | 0 | 8,808,501,738 |
| 유동비금융자산 | 2,799,113,479 | 5,306,367,764 | 7,345,058,414 |
| II. 비유동자산 | 2,961,350,384,209 | 2,170,239,467,166 | 2,143,453,910,259 |
| 비유동금융자산 | 1,301,355,336,551 | 512,047,054,816 | 464,371,904,274 |
| 장기매출채권및기타채권 | 743,963,687 | 470,541,025 | 2,973,205,401 |
| 유형자산 | 1,257,950,923,641 | 1,303,997,346,007 | 1,349,374,166,508 |

앞 화면은 강원랜드의 2020년-2022년 재무상태표 일부다. 카지노 업종 특성상 매출액 대비 매출채권과 재고자산의 규모가 작다.

따라서 필요 운전자본이 적은 관계로, 타 업종보다 기업의 현금흐름은 양호하다. 또한 매출액과 비교해서 유형자산을 많이 보유하고 있다.

(단위 : 천 원)

| 구 분 | 기초금액 | 취득/<br>자본적지출 | 처분/감소 | 감가상각 | 기타증감 | 기말금액 |
|---|---|---|---|---|---|---|
| 토지 | 133,565,059 | 12,765 | (22,778) | – | 5,720,188 | 139,275,234 |
| 건물 | 552,491,212 | 997,581 | (142,528) | (20,185,227) | 7,239,889 | 540,400,927 |
| (정부보조금) | (292,750) | – | – | 7,500 | – | (285,250) |
| 구축물 | 232,414,852 | 883,110 | – | (8,437,422) | (3,983,051) | 220,877,489 |
| 기계장치 | 156,251,734 | 2,148,225 | (1) | (29,744,573) | 855,717 | 129,511,102 |
| (정부보조금) | (100,055) | – | – | 34,304 | – | (65,751) |
| 차량운반구 | 503,039 | 219,647 | (4) | (146,572) | (53,331) | 522,779 |
| 집기와비품 | 33,734,955 | 9,472,563 | (5,027) | (13,831,584) | 14,078,536 | 43,449,443 |
| 건설중인자산 | 43,698,015 | 20,297,570 | – | – | (24,280,795) | 39,714,790 |
| (정부보조금) | – | (237,210) | – | – | – | (237,210) |
| 기타유형자산 | 95,724,863 | 9,902 | – | (1,462,382) | (1,011,405) | 93,260,978 |
| 사용권자산 | 56,006,422 | 2,043,444 | (2,949,314) | (3,574,164) | 5 | 51,526,393 |
| 합 계 | 1,303,997,346 | 35,847,597 | (3,119,652) | (77,340,120) | (1,434,247) | 1,257,950,924 |

위 화면은 강원랜드의 2022년 재무제표 주석에서 확인한 유형자산 변동 내역이다. 전체 유형자산 1.2조 원 중 카지노 영업을 위한 호텔건물과 토지가 절반 이상인 6,796억 원이다.

따라서 보유 유형자산 대비 발생하는 감가상각비 역시 타 업종보다 적은 773억 원이다.

| 구 분 | 재고자산의 변동 | 매출원가 | 판매비와 관리비 | 합계 |
|---|---|---|---|---|
| | | | | (단위 : 천 원) |
| 재고자산의 변동 | | | | |
| 원재료 | (193,338) | – | – | (193,338) |
| 상품 | (73,951) | – | – | (73,951) |
| 제품 | (355,758) | – | – | (355,758) |
| 재고자산매입액 | – | 26,183,173 | – | 26,183,173 |
| 급여 | – | 249,045,315 | 50,066,577 | 299,111,892 |
| 퇴직급여 | – | 23,869,572 | 4,559,268 | 28,428,840 |
| 해고급여 | – | 5,601,023 | 1,406,709 | 7,007,732 |
| 복리후생비 | – | 34,591,649 | 7,292,570 | 41,884,219 |
| 소모품비 | – | 19,230,195 | 2,486,863 | 21,717,058 |
| 감가상각비 | – | 60,855,970 | 16,484,150 | 77,340,120 |
| 세금과공과 | – | 81,015,107 | 3,987,302 | 85,002,409 |
| 무형자산상각비 | – | 703,630 | 152,130 | 855,760 |
| 수도광열비 | – | 23,124,602 | 964,983 | 24,089,585 |
| 지급수수료 | – | 10,532,594 | 14,245,126 | 24,777,720 |
| 관광진흥개발기금 | – | 121,806,051 | – | 121,806,051 |
| 폐광지역개발기금 | – | 159,049,866 | – | 159,049,866 |
| 기타비용 | – | 106,805,027 | 29,684,200 | 136,489,227 |
| 합 계 | (623,047) | 922,413,774 | 131,329,878 | 1,053,120,605 |

위 화면은 강원랜드의 2022년 재무제표 주석에서 확인한 비용의 성격별 분류다. 전체 비용 1.05조 원 중 급여 관련 비용이 가장 많다. **한 가지 특이한 부분은 관광진흥개발기금과 폐광지역개발기금이 2,808 억 원으로, 급여 다음으로 가장 큰 비중을 차지하고 있다.**

관광진흥개발기금은 파라다이스, GKL 역시 기업 매출 규모에 비례해서 매년 기금을 내고 있다. 강원랜드는 여기에 추가로 폐광지역개발기금을 매년 큰 금액으로 지불하고 있다.

# 13. 음식료

인플레이션 이후를
기대하자

오리온, 농심, 오뚜기, 하이트진로, KT&G

## ▷ 많은 유형자산, 미미한 연구개발활동 ◁

(단위 : 천 원)

| 구분 | 토지 | 건물 | 구축물 | 기계장치 | 기타의유형자산 | 건설중인자산 | 합계 |
|---|---|---|---|---|---|---|---|
| 취득원가: | | | | | | | |
| 기초금액 | 202,968,206 | 856,043,713 | 18,282,016 | 1,654,244,741 | 162,958,983 | 73,217,165 | 2,967,714,824 |
| 취득금액 | 7,534 | 1,036,043 | 108,140 | 9,240,999 | 5,521,315 | 76,885,519 | 92,799,550 |
| 처분금액 | (836,405) | (841,500) | - | (29,910,471) | (7,083,778) | (99,176) | (38,771,330) |
| 투자부동산으로 대체 | (28,319,494) | (971,761) | - | - | - | - | (29,291,255) |
| 본계정대체 | - | 60,115,900 | 9,131,350 | 46,201,461 | 4,575,069 | (120,023,780) | - |
| 기타증감액(*) | 105,254 | (18,345,462) | (915,046) | (18,082,732) | (335,043) | 10,768,687 | (26,804,342) |
| 기말금액 | 173,925,095 | 897,036,933 | 26,606,460 | 1,661,693,998 | 165,636,546 | 40,748,415 | 2,965,647,447 |
| 감가상각누계액 및 손상차손누계액: | | | | | | | |
| 기초금액 | - | (190,982,559) | (13,842,352) | (890,099,343) | (99,073,845) | - | (1,193,998,099) |
| 감가상각비 | | (23,899,079) | (1,084,350) | (105,735,449) | (13,593,502) | - | (144,312,380) |
| 처분금액 | - | 225,437 | - | 20,991,500 | 6,103,027 | - | 27,319,964 |
| 투자부동산으로 대체 | - | 100,112 | - | - | - | - | 100,112 |
| 기타증감액(*) | - | 3,211,523 | (30,793) | 8,986,229 | 658,031 | - | 12,824,990 |
| 기말금액 | - | (211,344,566) | (14,957,495) | (965,857,063) | (105,906,289) | - | (1,298,065,413) |
| 장부금액: | | | | | | | |
| 기초금액 | 202,968,206 | 665,061,154 | 4,439,664 | 764,145,398 | 63,885,138 | 73,217,165 | 1,773,716,725 |
| 기말금액 | 173,925,095 | 685,692,367 | 11,648,965 | 695,836,935 | 59,730,257 | 40,748,415 | 1,667,582,034 |

옆 화면은 오리온의 2022년 재무제표 주석에서 확인한 유형자산 변동 내역이다. 제품 생산 특성상 토지, 건물, 생산설비의 비중이 높다. 또한 타 업종에 비해 유형자산 대비 감가상각비 발생 규모는 많은 편이 아니다.

반도체나 전기자동차 배터리 등 첨단 제품을 생산하는 기업들에 비해 생산설비에서 발생하는 감가상각비가 적은 편이다. 생산설비기계장치를 1~2년 더 가동한다고, 생산되는 제품에 큰 차이가 없기 때문일 것이다.

또한 업종 특성상 매출액 대비 연구개발비 비중은 0.5% 내외로 미미한 수준이다.

| 구분 | 당기 | | | 전기 | | |
|---|---|---|---|---|---|---|
| | 매출원가 | 판매관리비 | 성격별 비용 | 매출원가 | 판매관리비 | 성격별 비용 |
| 원재료 등의 사용액 | 1,172,675,627 | - | 1,172,675,627 | 903,652,915 | - | 903,652,915 |
| 상품의 구매액 | 120,486,834 | - | 120,486,834 | 108,751,785 | - | 108,751,785 |
| 재고자산의 변동 | 17,469,722 | - | 17,469,722 | (9,765,099) | - | (9,765,099) |
| 종업원급여 | 100,961,186 | 234,365,421 | 335,326,607 | 83,311,560 | 219,140,512 | 302,452,072 |
| 세금과공과 | 16,531,629 | 22,598,153 | 39,129,782 | 2,418,142 | 19,444,572 | 21,862,714 |
| 지급임차료 | 490,487 | 20,071,510 | 20,561,997 | 200,134 | 19,600,288 | 19,800,422 |
| 감가상각비 등 | 129,011,038 | 19,976,557 | 148,987,595 | 119,270,938 | 19,490,350 | 138,761,288 |
| 사용권자산상각비 | 1,022,348 | 11,643,891 | 12,666,239 | 776,922 | 10,209,109 | 10,986,031 |
| 광고선전비 | - | 32,359,954 | 32,359,954 | - | 31,011,485 | 31,011,485 |
| 운반비 | 2,281,134 | 93,279,434 | 95,560,568 | 1,578,575 | 74,135,034 | 75,713,609 |
| 차량유지비 | 232,834 | 3,945,031 | 4,177,865 | 195,143 | 3,905,798 | 4,100,941 |
| 지급수수료 | 52,773,703 | 92,008,755 | 144,782,458 | 43,737,296 | 91,505,162 | 135,242,458 |
| 기타 | 168,142,411 | 94,264,609 | 262,407,020 | 154,981,505 | 85,037,672 | 240,019,177 |
| 합계 | 1,782,078,953 | 624,513,315 | 2,406,592,268 | 1,409,109,816 | 573,479,982 | 1,982,589,798 |

(단위 : 천 원)

앞 화면은 오리온의 2022년(당기) 재무제표 주석에서 확인한 비용의 성격별 분류다.

전체 비용 2.4조 원 중 50% 이상이 원재료비다. **오리온을 포함한 대부분의 음식료 업종에 속하는 기업들은 원재료 가격의 하향 안정이 중요하다.**

그 이유를 살펴보자.

(단위 : 백만 원)

| 사업부문 | 매출유형 | 품 목 | 구체적용도 | 주요상표등 | 2022년(제6기) 당기 매출액 | 비율(%) |
|---|---|---|---|---|---|---|
| 음식료품 제조 | 제품 | 비스킷 | 기호식품 | 고소미, 초코칩, 다이제 등 | 258,561 | 25.1% |
| | | 파 이 | " | 초코파이, 참붕어빵, 후레쉬베리 등 | 190,131 | 18.4% |
| | | 스 낵 | " | 포카칩, 오감자 등 | 327,256 | 31.8% |
| | | 기 타 | " | 젤리밥, 마이구미, 통아몬드 등 | 98,267 | 9.5% |
| | | 소 계 | | | 874,215 | 84.8% |
| | 상품 | 비스킷 | 기호식품 | 오리온웨하스 등 | 3,553 | 0.3% |
| | | 파이 | " | 카스타드 등 | 2,765 | 0.3% |
| | | 스 낵 | " | 썬, 치킨팝 등 | 50,776 | 4.9% |
| | | 기 타 | " | 오!그래놀라, 제주용암수 등 | 63,029 | 6.1% |
| | | 소 계 | | | 120,123 | 11.6% |
| 기타 | 기타 | 소 계 | | | 37,135 | 3.6% |
| 총 매 출 액 | | | | | 1,031,473 | 100.0% |

위 화면은 오리온의 2022년 사업보고서에서 확인한 주요 제품 현황이다. 우리가 익히 알고 있는 초코파이, 오감자, 포카칩, 초코칩 등이 전체 매출의 85% 수준이다.

| 품 목 | | 제6기(2022년) 당기 | 제5기(2021년) | 제4기(2020년) | 비 고 |
|---|---|---|---|---|---|
| 포카칩 | 내수 | 13,341 | 12,713 | 12,514 | 오리지널/양파맛 60g 등 |
| 초코파이 | 내수 | 5,436 | 5,299 | 5,413 | 오리지널12P, 24P, 30P 등 |
| 예감 | 내수 | 10,199 | 9,765 | 9,793 | 오리지널12P, new 2P 등 |
| 고소미 | 내수 | 8,695 | 8,930 | 8,982 | 오리지널12P, new 2P 등 |

위 화면은 오리온의 2022년 사업보고서에서 확인한 주요 제품 가격 변동 추이다. 타 업종에 비해 코로나19 팬데믹 이후 판매하는 제품의 가격 인상 폭이 크지 않았음을 알 수 있다.

다음 화면을 보자.

| 회사명 | 품 목 | | 제6기(2022년) | 제5기(2021년) | 제4기(2020년) | 비고 |
|---|---|---|---|---|---|---|
| Orion Food Vina Co., Ltd | 당 류 | 국내 | 1,042 | 872 | 662 | - |
| Orion Food Co., Ltd | 소맥류 | 국내 | 820 | 680 | 760 | - |
| Orion Food (Shanghai) Co., Ltd | 유지류 | 국내 | 2,047 | 2,136 | 1,325 | - |
| | | 수입 | - | - | 1,575 | - |
| Orion Food (Guangzhou) Co., Ltd | 유제품류 | 수입 | 8,387 | 4,961 | 4,960 | - |
| Orion Food (Shenyang) Co., Ltd | 유제품류 | 수입 | 6,722 | 5,360 | 5,230 | - |
| Orion International Euro LLC | 유지류 | 국내 | 4,856 | 1,800 | 1,269 | - |
| | | 수입 | 3,537 | 2,674 | 1,866 | - |

위 화면은 오리온의 2022년 사업보고서에서 확인한 주요 원재료의 가격 변동 추이다. 2021년 이후 글로벌 인플레이션이 심해지면서, 오리온의 주요 원재료 가격 역시 2020년에 비해 크게 인상된 것을 확인할 수 있다.

**문제는 음식료 업종에 속하는 기업들의 경우에 정부의 서민 물가 안**

정 정책 영향으로, **원재료 가격의 상승을 제품 가격에 즉각 반영시키는 일이 쉽지 않다는 사실이다.** 제품 가격을 인상하기 위해서는 정부뿐만이 아니라 사회 분위기까지 눈치봐야 하는 업종인 것이다.

실제로 2023년 2월 일부 기업이 원재료 가격 인상으로 소주, 맥주, 생수 등 제품 가격을 인상하려 했으나 정부의 압박으로 가격 인상 철회를 발표한 바 있다.

(단위 : 원)

| | 제 6 기 | 제 5 기 | 제 4 기 |
|---|---|---|---|
| 수익(매출액) | 2,873,246,771,346 | 2,355,499,705,531 | 2,229,819,933,633 |
| 매출원가 | 1,782,078,952,849 | 1,409,109,816,274 | 1,276,757,945,973 |
| 매출총이익 | 1,091,167,818,497 | 946,389,889,257 | 953,061,987,660 |
| 판매비 | 482,105,168,774 | 442,663,562,697 | 428,868,962,953 |
| 관리비 | 142,408,146,696 | 130,816,419,158 | 148,071,011,911 |
| 영업이익(손실) | 466,654,503,027 | 372,909,907,402 | 376,122,012,796 |

위 화면은 오리온의 2020년(제4기)-2022년(제6기) 연결손익계산서 일부다. 코로나19 팬데믹 이후 글로벌 수요 회복에 따라 반도체, 전기차 배터리, 정유, 석유화학, 철강, 해운 등 여러 업종에 속하는 기업들의 매출과 이익이 급증했다.

그에 비해 음식료 업종에 속하는 기업들은 상대적으로 부진한 실적을 냈다. 오리온은 2022년 매출과 영업이익이 2021년보다 많이 성장했으나, 상당수 다른 음식료 기업들은 매출과 이익 성장이 눈에 띄지 않았다.

| | 제 59 기 | 제 58 기 | 제 57 기 |
|---|---|---|---|
| 매출액 | 3,129,065,208,087 | 2,662,982,988,213 | 2,639,795,633,339 |
| 　총매출액 | 3,485,322,408,848 | 2,977,616,751,544 | 2,951,756,246,566 |
| 　매출에누리등 | (356,257,200,761) | (314,633,763,331) | (311,960,613,227) |
| 매출원가 | 2,229,502,633,084 | 1,844,870,906,955 | 1,802,599,872,535 |
| 매출총이익 | 899,562,575,003 | 818,112,081,258 | 837,195,760,804 |
| 　판매비와관리비 | 787,389,718,287 | 711,972,360,363 | 676,898,269,079 |
| 영업이익 | 112,172,856,716 | 106,139,720,895 | 160,297,491,725 |

위 화면은 농심의 2020년(제57기)-2022년(제59기) 연결손익계산서 일부다. 오리온처럼 2022년 제품 가격 인상으로 매출은 2021년보다 증가했다.

하지만 원재료 가격<sub>매출원가</sub> 역시 크게 올라서 영업이익은 큰 변화가 없었다.

| | 제 52 기 | 제 51 기 | 제 50 기 |
|---|---|---|---|
| 매출 | 3,183,314,853,660 | 2,739,036,859,209 | 2,595,880,911,641 |
| 매출원가 | 2,682,425,310,114 | 2,297,455,499,825 | 2,133,596,387,212 |
| 매출총이익 | 500,889,543,546 | 441,581,359,384 | 462,284,524,429 |
| 판매비와관리비 | 315,233,106,704 | 275,006,006,665 | 263,839,301,970 |
| 영업이익 | 185,656,436,842 | 166,575,352,719 | 198,445,222,459 |

위 화면은 오뚜기의 2020년(제50기)-2022년(제52기) 연결손익계산서 일부다. 오리온이나 농심과 비슷하게 2022년 매출 성장과 영업이익이 2021년에 비해 증가했으나, 영업이익은 2020년보다 적었다.

그렇다고 음식료 업종에 속하는 기업들이 인플레이션으로 인해, 상대적으로 항상 소외되는 업종인 것은 아니다.

## ▷ 인플레이션 이후 기대해볼 업종 ◁

대표적인 대중 음식인 짜장면의 경우에 과거 불경기에도 가격이 내렸던 적이 없다. 농심의 대표 제품인 신라면 가격 역시, 과거 불경기에 가격을 내린 적이 필자의 기억으로는 별로 없다.

**음식료 업종의 큰 특징 중 하나가 바로 제품 가격의 하방 경직성이다. 즉 제품 가격 인상이 쉽지 않지만, 가격 인하도 거의 없는 특징이 있다.** 따라서 인플레이션 시기가 끝나고 원재료 가격이 하향 안정화된다면, 그 어느 업종보다 스프레드 개선으로 이익 성장이 클 것이다.

(단위 : 원)

| 구분 | 당기 | 전기 |
|---|---|---|
| 제품과 재공품 및 반제품의 변동 | (-)9,889,952,731 | (-)5,680,877,996 |
| 원재료와 저장품의 사용액 | 654,101,937,980 | 568,102,010,476 |
| 상품판매 | 199,605,033,442 | 179,980,358,917 |
| 종업원급여 | 521,172,828,002 | 453,388,263,824 |
| 감가상각비(투자부동산 및 사용권자산 포함)및 무형자산상각비 | 155,688,460,665 | 145,106,461,876 |
| 광고선전비 | 184,828,206,532 | 183,082,245,876 |
| 기타 | 601,477,058,419 | 504,814,282,498 |
| 합계 | 2,306,983,572,309 | 2,028,792,745,471 |

옆 화면은 하이트진로의 2022년(당기) 재무제표 주석에서 확인한 비용의 성격별 분류다. 하이트진로의 비용상의 특징은 광고선전비 비중이 높다는 점이다. 매출액이 비슷한 수준인 오리온에 비해 5배 이상 많다.

하이트진로와 비슷한 매출을 기록한 롯데칠성음료 역시 천억 원대의 많은 광고선전비를 매년 비용으로 사용하고 있다. 주류 시장에서 업체 간 경쟁이 심하다는 방증이다.

## ▷ KT&G의 배당 성향이 높은 이유 ◁

(단위 : 원)

| | 제 36 기 | 제 35 기 | 제 34 기 |
|---|---|---|---|
| 수익(매출액) | 5,851,406,367,817 | 5,228,351,596,536 | 5,055,311,487,897 |
| 매출원가 | 2,891,166,215,748 | 2,350,179,718,847 | 2,127,074,299,458 |
| 매출총이익 | 2,960,240,152,069 | 2,878,171,877,689 | 2,928,237,188,439 |
| 판매비와관리비 | 1,692,590,184,342 | 1,539,788,398,057 | 1,455,054,499,409 |
| 영업이익(손실) | 1,267,649,967,727 | 1,338,383,479,632 | 1,473,182,689,030 |

위 화면은 KT&G의 2020년(제34기)~2022년(제36기) 연결손익계산서 일부다. 코로나19 팬데믹 이후 매출액은 꾸준히 증가하고 있고, 영업이익도 1.2~1.4조 원대로 안정적으로 내고 있다.

| 구 분 | 기초금액 | 취득 | 처분 | 상각 | 손상 | 대체 등(*1) | 기말금액 |
|---|---|---|---|---|---|---|---|
| 토지 | 510,767 | 2,966 | (717) | – | – | (22,325) | 490,691 |
| 건물 | 528,253 | 15,795 | (407) | (36,779) | – | (126) | 506,736 |
| 구축물 | 25,610 | 1,785 | (81) | (3,524) | – | 5,265 | 29,055 |
| 기계장치 | 490,072 | 35,773 | (334) | (87,815) | (712) | 58,710 | 495,694 |
| 차량운반구 | 2,052 | 1,269 | (262) | (957) | – | 218 | 2,320 |
| 공구와기구 | 18,124 | 12,546 | (25) | (8,438) | (1,255) | 536 | 21,488 |
| 비품 | 44,736 | 18,385 | (654) | (23,271) | (329) | 2,713 | 41,580 |
| 기타유형자산 | 4,390 | 162 | – | (25) | – | 183 | 4,710 |
| 건설중인자산 | 117,038 | 203,124 | (315) | | (20) | (75,060) | 244,767 |
| 합 계 | 1,741,042 | 291,805 | (2,795) | (160,809) | (2,316) | (29,886) | 1,837,041 |

(단위 : 백만 원)

위 화면은 KT&G의 2022년 재무제표 주석에서 확인한 유형자산 변동 내역이다. 신규 유형자산 취득 금액 2,918억 원 중 건설중인자산의 취득이 2,031억 원이며, 건설중인자산의 상당 부분이 기계장치로 대체되고 있다. 또한 2022년 발생한 감가상각비는 1,608억 원이다.

(단위 : 백만 원)

| 구 분 | 제 36(당) 기 | 제 35(전) 기 |
|---|---|---|
| 재고자산의 변동 | (200,461) | 159,652 |
| 상품 및 원재료 등 매입액 | 1,865,080 | 1,515,616 |
| 급여 | 712,025 | 674,940 |
| 퇴직급여및해고급여 | 84,590 | 66,973 |
| 감가상각비 | 203,162 | 202,666 |
| 무형자산상각비 | 22,293 | 14,494 |
| 복리후생비 | 115,511 | 101,012 |
| 광고선전비 | 311,552 | 300,972 |
| 지급수수료 | 708,316 | 650,526 |
| 기타 비용 | 772,075 | 505,426 |
| 합 계 | 4,594,143 | 4,192,277 |

옆 화면은 KT&G의 2022년(제36기) 재무제표 주석에서 확인한 비용의 성격별 분류다. 전체 비용 중 원재료비가 가장 많으며, 종업원 급여, 지급수수료, 광고선전비도 만만치 않다.

또한 업종 특성상 매년 발생하는 연구개발비는 매출액 대비 1% 수준으로 적었다.

(단위 : 원)

| | 2022. 12. 31 | 2021. 12. 31 | 2020. 12. 31 |
|---|---|---|---|
| 재무활동현금흐름 | (931,785,375,207) | (947,573,961,892) | (808,888,421,592) |
| 배당금지급 | (575,903,630,400) | (595,583,630,400) | (556,951,661,200) |
| 이자지급 | (10,204,555,892) | (3,204,576,721) | (3,371,975,749) |
| 대출연장수수료의지급 | (1,200,000,000) | 0 | 0 |
| 리스부채의 상환 | (20,340,804,109) | (23,278,731,696) | (21,186,506,323) |
| 차입금의 상환 | (216,993,660,423) | (144,221,094,631) | (165,109,414,746) |
| 자기주식의 취득 | (356,951,084,810) | (348,363,735,990) | (212,828,644,120) |
| 유상증자 | 0 | 0 | 813,000 |
| 차입금 | 249,808,360,427 | 164,077,807,546 | 150,558,967,546 |

위 화면은 KT&G의 2022년 재무활동현금흐름이다. 유형자산 취득에 들어가는 돈도 많지 않고, 차입금도 미미한 수준이며, 연구개발비에 대한 투자도 많은 편이 아니다.

그래서인지 KT&G는 매년 5,000~6,000억 원의 배당과 2,000~3,000억 원의 자기 주식을 취득하고 있다.

# 14. 게임

연구개발활동이
중요한 이유?

엔씨소프트, 크래프톤

## ▷ 높은 연구개발비 ◁

(기준일 :    2022년 12월 31일   )                     (단위 : 천 원)

| 과 목 | 제26기 | 제25기 | 제24기 |
|---|---|---|---|
| 원 재 료 비 | – | – | – |
| 인 건 비 | 424,675,463 | 374,893,861 | 338,879,342 |
| 감 가 상 각 비 | 6,519,765 | 6,249,122 | 5,852,759 |
| 위 탁 용 역 비 | 3,724,785 | 5,846,095 | 10,091,133 |
| 기 타 | 38,110,446 | 41,826,158 | 26,697,560 |
| 연구개발비용 계 | 473,030,458 | 428,815,236 | 381,520,794 |
| 연구개발비 / 매출액 비율<br>[연구개발비용계÷당기매출액×100] | 18% | 19% | 16% |

옆 화면은 엔씨소프트의 2022년 사업보고서에서 확인한 매출액 대
비 연구개발비 비중이다. 2022년(제26기) 연구개발활동에 4,730억 원
을 사용했다. 매출액 대비 18%로 비중이 아주 높다. 연구개발비의 대
부분이 인건비다. 업종 특성상 신규 게임개발이 아주 중요하기 때문
이다.

크래프톤은 2022년도에 연구개발비로 4,040억 원을 사용했는데,
이는 매출액 대비 비중이 21.8%다.

(단위 : 천 원)

| 구 분 | 기 초 | 취 득 | 처 분 | 감가상각 | 대 체 | 기타(•) | 기 말 |
|---|---|---|---|---|---|---|---|
| 토 지 | 40,263,867 | 544,457 | - | - | - | - | 40,808,324 |
| 건 물 | 134,651,092 | 469,070 | - | (4,248,439) | - | - | 130,871,723 |
| 건물부속설비 | 25,225,735 | 4,603,110 | - | (8,218,078) | 264,540 | 735 | 21,876,042 |
| 기계장치 | 99,178,843 | 30,901,489 | (73,045) | (38,080,183) | - | (779,155) | 91,147,949 |
| 비 품 | 17,671,126 | 8,764,080 | (394,687) | (9,254,565) | 626,787 | 191,948 | 17,604,689 |
| 차량운반구 | 1,016,778 | 1,301,145 | (368,750) | (498,840) | 60 | (4,700) | 1,445,693 |
| 기타의유형자산 | 2,633,996 | 1,715,917 | - | (546,730) | 867,428 | 142,596 | 4,813,207 |
| 건설중인자산 | 192,968,170 | 207,555,146 | - | - | (1,758,815) | 73,678 | 398,838,179 |
| 사용권자산 | 233,678,854 | 34,203,242 | (3,383,307) | (41,795,936) | - | 98,683 | 222,801,536 |
| 합 계 | 747,288,461 | 290,057,656 | (4,219,789) | (102,642,771) | - | (276,215) | 930,207,342 |

위 화면은 엔씨소프트의 2022년 재무제표 주석에서 확인한 유형자
산 변동 내역이다. 건물을 임대한 사용권자산으로 인해 감가상각비가
보유 유형자산에 비해 다소 많은 1,026억 원이다.

크래프톤도 2022년도 말 유형자산의 절반 이상이 건물 임대에서 발
생한 사용권자산이다. 따라서 2022년 보유 유형자산 2,437억 원에서
발생한 감가상각비가 748억 원으로 30%에 달한다.

## ▷ 엔씨소프트와 크래프톤 실적 비교 ◁

### 엔씨소프트 연결손익계산서 일부

(단위 : 원)

|  | 제 26 기 | 제 25 기 | 제 24 기 |
|---|---|---|---|
| 영업수익 | 2,571,792,281,800 | 2,308,817,408,865 | 2,416,184,211,886 |
| 영업비용 | 2,012,786,161,194 | 1,933,604,237,816 | 1,591,390,506,192 |
| 영업이익(손실) | 559,006,120,606 | 375,213,171,049 | 824,793,705,694 |

### 크래프톤 연결손익계산서 일부

(단위 : 원)

|  | 제 16 기 | 제 15 기 | 제 14 기 |
|---|---|---|---|
| 영업수익 | 1,854,016,090,527 | 1,885,351,810,718 | 1,670,427,918,616 |
| 영업비용 | 1,102,409,520,985 | 1,234,743,757,258 | 896,557,166,291 |
| 영업이익 | 751,606,569,542 | 650,608,053,460 | 773,870,752,325 |

두 게임 회사의 2022년 매출액은 엔씨소프트(제26기)가 많으나, 영업이익은 오히려 크래프톤(제16기)이 더 많다. 손익계산서상으로는 크래프톤의 수익성이 더 좋은 것으로 보인다.

따라서 단순히 연결손익계산서만 확인하고 크래프톤의 영업 효율성이 더 뛰어나다고 판단을 내리기보다는 실적에 차이가 생긴 이유를 기업의 비용 구조 비교로 파악해보자.

## 엔씨소프트 비용의 성격별 분류

(단위 : 천 원)

| 구 분 | 당 기 | 전 기 |
|---|---|---|
| 급여및상여금 | 362,118,887 | 439,789,705 |
| 퇴직급여 | 18,815,012 | 16,665,938 |
| 복리후생비 | 69,702,784 | 47,953,785 |
| 대손상각비(환입) | (2,252,423) | (3,004,811) |
| 경상연구개발비 | 473,030,458 | 428,815,236 |
| 여비교통비 | 2,590,248 | 1,436,393 |
| 교육훈련비 | 1,343,932 | 1,206,044 |
| 지급수수료 | 689,301,010 | 548,547,287 |
| 지급임차료 | 6,698,273 | 1,114,625 |
| 통신비 | 20,451,806 | 18,160,485 |
| 도서인쇄비 | 505,454 | 337,129 |
| 보험료 | 979,271 | 757,428 |
| 소모품비 | 34,688,722 | 31,782,525 |
| 수도광열비 | 3,281,843 | 2,779,276 |
| 수선비 | 33,312 | 78,900 |
| 접대비 | 477,357 | 284,574 |
| 차량유지비 | 1,715,755 | 820,453 |
| 세금과공과금 | 7,666,049 | 7,176,370 |
| 감가상각비 | 97,480,808 | 86,216,117 |
| 무형자산상각비 | 1,928,846 | 1,248,914 |
| 로열티비용 | 13,840,013 | 11,043,304 |
| 판매수수료 | 1,784 | 4,445,164 |
| 판매촉진비 | 96,627 | - |
| 광고선전비 | 184,178,677 | 271,452,851 |
| 상품매출원가 | 4,994,135 | 1,865,369 |
| 기타비용 | 19,005,032 | 12,542,459 |
| 합 계 | 2,012,786,161 | 1,933,604,238 |

## 크래프톤 비용의 성격별 분류

(단위 : 천 원)

| 계정과목 | 당기 | 전기 |
|---|---|---|
| 앱수수료/매출원가 | 207,130,496 | 192,892,963 |
| 급여 및 상여 | 282,922,754 | 289,296,575 |
| 퇴직급여 | 23,058,654 | 13,688,656 |
| 복리후생비 | 58,831,686 | 42,007,725 |
| 여비교통비 | 7,977,365 | 2,958,788 |
| 감가상각비 | 74,241,864 | 60,921,930 |
| 투자부동산상각비 | 745,365 | 622,801 |
| 무형자산상각비 | 29,632,116 | 3,900,442 |
| 보험료 | 9,109,810 | 3,805,971 |
| 소모품비 | 2,238,389 | 4,897,867 |
| 지급수수료 | 325,252,471 | 359,390,874 |
| 광고선전비 | 129,652,967 | 82,215,634 |
| 주식보상비용 | (63,555,367) | 167,027,026 |
| 대손상각비 | 3,271,519 | 961,724 |
| 기타 | 11,899,432 | 10,154,781 |
| 합계 | 1,102,409,521 | 1,234,743,757 |

위 화면은 엔씨소프트와 크래프톤의 2022년(당기) 재무제표 수석에서 확인한 비용의 성격별 분류다. 엔씨소프트의 2022년 총 비용은 2조 원이고, 크래프톤은 절반 수준인 1.1조 원이다. 지급수수료는 엔씨소프트가 크래프톤의 2배였으며, 인건비 역시 더 많다.

가장 큰 차이점은 엔씨소프트는 4,000억 원이 넘는 종업원 급여 외에도 인건비가 대부분인 연구개발비 항목으로 4,730억 원을 비용의 성격별 분류에 표기했다. 크래프톤은 연구개발비 4,040억 원을 비용의 성격별 분류에 따로 항목을 두지 않았다.

다음 화면을 보면 이해할 수 있다.

연구개발비용은 당사 및 종속법인의 연구개발 조직의 개발 활동과 직접 관련이 있는 비용을 합리적인 기준에 따라 산정한 금액을 적용하였으며, 종속기업의 사업 부문 및 인력구성 등을 고려하여 연구개발 활동이 주된 업무인 경우, 해당 법인의 전체 영업비용을 연구개발비용으로 산정하였습니다.

(단위 : 백만 원)

| 과 목 | 제16기 (2022년) | 제15기 (2021년) | 제14기 (2020년) | 비고 |
|---|---|---|---|---|
| 연구개발비용 계 | 404,079 | 365,229 | 208,838 | (주1) |
| 연구개발비 / 매출액 비율 [연구개발비용계÷당기매출액×100] | 21.8% | 19.4% | 12.5% | - |

위 화면은 크래프톤의 2022년 사업보고서에서 확인한 연구개발비 내역이다. 연구개발활동이 주된 업무인 경우에는 종속 기업의 전체 영업 비용을 연구개발 비용으로 산정하고 있다.

따라서 크래프톤의 연구개발비 4,040억 원에는 인건비뿐만이 아니라 연구개발 관련 유형자산에 대한 감가상각비 및 기타비용 등이 포함되어 있음을 유추할 수 있다. 이는 두 회사의 직원 수에서도 확인이 된다. 엔씨소프트의 직원 수는 4,589명인데 비해, 크래프톤은 절반에도 미치지 못하는 1,700명이다.

**결국 연구개발활동을 포함한 인력에 대한 투자 규모 차이가 두 기업의 영업이익 차이에 큰 영향을 미친 것이다.**

손익계산서상으로는 적은 인원으로 더 많은 영업이익을 기록한 크래프톤의 수익성이 더 뛰어난 것으로 보인다. 그러나 게임 업종 특성상 많은 연구인력게임 개발자을 보유한 기업이 당장은 수익성이 떨어질 수 있으나, 추후 대작 게임을 만드는 기본 경쟁력이 될 수 있음을 기억해야 한다.

# 15. 엔터레인먼트
## 콘텐츠에 대한 제작비를
## 무형자산으로 회계 처리

하이브, 스튜디오드래곤

(단위 : 천 원)

| 구 분 | 토지 | 건물 | 차량운반구 | 비 품 | 시설장치 | 미술품 | 건설중인자산 | 합 계 |
|---|---|---|---|---|---|---|---|---|
| 기초 순장부금액 | 756,223 | 1,531,532 | 16,431 | 21,417,044 | 59,719,287 | 1,271,090 | 2,155,551 | 86,867,158 |
| 취득 | 123,841 | - | 68,877 | 6,429,924 | 8,715,520 | 624,595 | 32,822,680 | 48,785,437 |
| 처분/폐기 | (11,416) | - | - | (196,309) | (1,542,257) | - | (431,537) | (2,181,519) |
| 사업결합 | - | - | - | 81,116 | - | - | - | 81,116 |
| 대체 | - | - | - | 27,126,449 | 7,397,303 | - | (34,523,752) | - |
| 손상 | - | - | - | (6,054,354) | (4,868,569) | (1,271,090) | - | (12,194,013) |
| 감가상각비 | - | (161,107) | (9,364) | (12,358,680) | (9,696,133) | - | - | (22,225,284) |
| 기타증감액 | - | - | (2,084) | 17,823 | (316,268) | - | (11,567) | (312,096) |
| 당기말 순장부금액 | 868,648 | 1,370,425 | 73,860 | 36,463,013 | 59,408,883 | 624,595 | 11,375 | 98,820,799 |

위 화면은 하이브의 2022년 사업보고서 재무제표 주석에서 확인한 유형자산 변동 내역이다. 기말 전체 유형자산 988억 원 중 거의 대부분이 비품과 시설장치다.

따라서 유형자산 대비 감가상각비 비율이 22.5%로 다른 기업들보다 높다. 본사 건물은 임대로 사용 중임을 다음 화면에서 확인할 수 있다.

(단위 : 천 원)

| 구 분 | | 당기말 | 전기말 |
|---|---|---|---|
| 사용권자산 | | | |
| 부동산 | | 183,276,997 | 149,023,179 |
| 차량운반구 | | 1,904,322 | 1,757,782 |
| | 합 계 | 185,181,319 | 150,780,961 |
| 리스부채 | | | |
| 유동 | | 22,449,151 | 22,971,006 |
| 비유동 | | 149,256,456 | 116,155,476 |
| | 합 계 | 171,705,607 | 139,126,482 |

위 화면은 하이브의 2022년(당기 말) 재무제표 주석에서 확인한 사용권자산과 리스부채 내역이다. 부동산에 대한 사용권자산이 1,832억 원이다.

참고로 리스부채의 경우에 유동 리스부채는 224억 원인 데 반해, 비유동 리스부채가 1,492억 원이다. 이것으로 볼 때 장기간 임대 계약을 맺고 건물을 사용 중인 것으로 판단된다.

에스엠 역시 867억 원의 사용권자산 중 부동산이 대부분이다. 반면에 JYP Ent.는 건물 사용권자산이 27억 원이다. 본사 건물을 소유하고 있다는 의미다.

## ▷ 많은 무형자산 ◁

엔터테인먼트 회사들의 재무제표 특징 중 하나가 유형자산보다 무형자산 비중이 상대적으로 높다는 점이다.

|  | | | | | (단위 : 천 원) |
|---|---|---|---|---|---|---|
| 구 분 | 산업재산권 | 소프트웨어 | 기타의무형자산 | 건설중인무형자산 | 영업권 | 합 계 |
| 기초 순장부금액 | 2,599,423 | 11,527,384 | 245,704,228 | 4,945,821 | 1,065,261,571 | 1,330,038,427 |
| 취득 | 177,487 | 1,873,785 | 10,847,346 | 11,269,051 | – | 24,167,669 |
| 처분/폐기 | (18,266) | – | – | (137,588) | – | (155,854) |
| 사업결합 | 13,694 | – | – | – | 193,902,911 | 193,916,605 |
| 상각비 | (993,915) | (3,522,932) | (64,229,197) | | – | (68,746,044) |
| 손상 | – | (1,728,274) | (3,001,828) | | (78,653,488) | (83,383,590) |
| 대체 | 1,856,950 | 1,699,100 | 8,049,983 | (11,606,033) | – | – |
| 기타 | (2,848) | (9,686) | 10,855,971 | (5,503) | 63,494,737 | 74,332,671 |
| 기말 순장부금액 | 3,632,525 | 9,839,377 | 208,226,503 | 4,465,748 | 1,244,005,731 | 1,470,169,884 |

위 화면은 하이브의 2022년 재무제표 주석에서 확인한 무형자산 변동 내역이다. 전체 무형자산 1.47조 원 중 1.24조 원이 영업권이다.

에스엠 역시 2022년도 말 유형자산은 824억 원인데 반해, 보유 무형자산 규모는 1,451억 원이다. 하이브와 마찬가지로 무형자산 중 영업권이 가장 많다. 다양한 엔터테인먼트 관련 회사들을 인수해왔음을 의미한다.

|  | (단위 : 천 원) | |
| 구 분 | 당기 | 전기 |
| --- | --- | --- |
| 재고자산의 변동 등 | 300,144,231 | 214,185,326 |
| 종업원급여 | 227,757,159 | 155,818,790 |
| 유형자산상각비 | 22,225,284 | 11,983,959 |
| 사용권자산상각비 | 27,905,499 | 24,153,962 |
| 무형자산상각비 | 68,746,044 | 47,156,826 |
| 외주가공비 등 | 179,988,250 | 62,188,280 |
| 세금과공과금 | 17,112,073 | 10,517,224 |
| 지급수수료 | 254,508,417 | 218,782,098 |
| 운반비 | 100,410,526 | 80,519,237 |
| 지급임차료 | 4,601,580 | 2,400,861 |
| 소모품비 | 3,449,663 | 2,303,336 |
| 여비교통비 | 18,086,102 | 6,154,812 |
| 주식보상비용 | 26,456,632 | 7,439,947 |
| 대손상각비 | 3,554,124 | 601,727 |
| 기타비용 | 284,300,443 | 221,472,442 |
| 매출원가 및 판매비와 관리비 합계 | 1,539,246,027 | 1,065,678,827 |

위 화면은 하이브의 2022년(당기) 재무제표 주석에서 확인한 비용의 성격별 분류다. 기업의 주된 비용은 재료비, 종업원 급여, 외주가공비, 지급수수료, 운반비 등 다양하다.

에스엠이나 JYP Ent. 등 다른 엔터테인먼트 기업들도 하이브와 비슷한 비용 구조로 되어 있다.

| 당 기 | 영업권 | 상표권 | 판권 | 기타무형자산 | 소프트웨어 | 회원권 | 건설중인자산 | 합 계 |
|---|---|---|---|---|---|---|---|---|
| 취득원가: | | | | | | | | |
| 기초 | 77,909,377 | 240,954 | 728,486,414 | 33,745,533 | 2,194,723 | 2,860,953 | 166,599,895 | 1,012,037,849 |
| 취득 | - | 14,210 | 233,520,675 | - | 188,218 | 2,372,785 | 170,786,223 | 406,882,111 |
| 처분 | - | - | - | (2,000,000) | - | (180,903) | - | (2,180,903) |
| 대체 | - | 11,957 | 125,606,203 | - | - | - | (115,870,242) | 9,747,918 |
| 연결범위변동 | 20,732,242 | - | - | 10,356,728 | - | - | - | 31,088,970 |
| 기타증감(*) | - | - | (208,785,403) | - | - | - | - | (208,785,403) |
| 기말 | 98,641,619 | 267,121 | 878,827,889 | 42,102,261 | 2,382,941 | 5,052,835 | 221,515,876 | 1,248,790,542 |
| 상각 및 손상차손누계액: | | | | | | | | |
| 기초 | (7,141,635) | - | (687,444,998) | (18,883,026) | (539,938) | - | - | (714,009,597) |
| 상각 및 손상 | (8,370,722) | - | (143,642,599) | (6,513,892) | (418,291) | - | - | (158,945,504) |
| 처분 | - | - | - | 1,999,999 | - | - | - | 1,999,999 |
| 기말 | (15,512,357) | - | (831,087,597) | (23,396,919) | (958,229) | - | - | (870,955,102) |
| 장부가액: | | | | | | | | |
| 기초 | 70,767,742 | 240,954 | 41,041,416 | 14,862,507 | 1,654,785 | 2,860,953 | 166,599,895 | 298,028,252 |
| 기말 | 83,129,262 | 267,121 | 47,740,292 | 18,705,342 | 1,424,712 | 5,052,835 | 221,515,876 | 377,835,440 |

위 화면은 스튜디오드래곤의 2022년 재무제표 주석에서 확인한 무형자산 변동 내역이다. 스튜디오드래곤도 하이브나 에스엠과 비슷하게 2022년도 말 보유 유형자산은 109억 원인 데 반해, 무형자산은 3,778억 원이다.

스튜디오드래곤은 주로 드라마제작비2022년 : 취득, 대체 3,591억 원를 무형자산 중 판권으로 자산 처리하고 있다.

그러나 다른 유형의 무형자산과는 다르게 대부분 당해 연도에 감가상각이나 기타비용 처리2022년 : 기타증감. 상각 및 손상 3,523억 원하면서 기말 판권 잔액은 477억 원만 남아있다.

즉 스튜디오드래곤은 당해 연도 제작비를 무형자산으로 회계 처리하지만, 대부분은 해당 연도에 비용 처리하고 있는 것이다. 건설중인자산 역시 대부분 판권으로 대체되는 것으로 볼 때, 드라마제작비일 것

(단위 : 천 원)

| 당 기 | 매출원가 | 판매비와관리비 | 합 계 |
|---|---|---|---|
| 제작원가 | 361,542,187 | - | 361,542,187 |
| 종업원급여 | 15,030,617 | 16,797,199 | 31,827,816 |
| 복리후생비 | 1,544,866 | 3,330,191 | 4,875,057 |
| 감가상각비 | 1,546,615 | 1,790,305 | 3,336,920 |
| 무형자산상각비 | 149,550,991 | 418,291 | 149,969,282 |
| 지급수수료 | 57,037,864 | 7,256,218 | 64,294,082 |
| 광고선전비 | - | 383,403 | 383,403 |
| 대손상각비 | - | 46,663 | 46,663 |
| 기타비용 | 11,690,923 | 4,760,017 | 16,450,940 |
| 합 계 | 597,944,063 | 34,782,287 | 632,726,350 |

이다.

위 화면은 스튜디오드래곤의 2022년(당기) 재무제표 주석에서 확인한 비용의 성격별 분류다. 제작원가드라마제작비가 가장 많고, 그다음으로 무형자산상각비가 많음을 알 수 있다.

# 16. 전력, 도시가스

## 가공의 매출액으로
## 이익을 내다

한국전력, 한국가스공사

## ▷ 한국전력, 2022년 최악의 실적 ◁

(단위 : 백만 원)

| | 제 62 기 | 제 61 기 | 제 60 기 |
|---|---|---|---|
| 수익(매출액) | 71,257,863 | 60,673,587 | 58,570,111 |
| 재화의 판매로 인한 매출액 | 69,184,469 | 58,800,977 | 56,685,109 |
| 용역의 제공으로 인한 매출액 | 714,602 | 456,400 | 429,350 |
| 건설계약으로 인한 매출액 | 646,953 | 754,998 | 812,175 |
| 공사부담금수익 | 711,839 | 661,212 | 643,477 |
| 매출원가 | 100,903,594 | 63,644,290 | 51,804,179 |
| 재화의 판매로 인한 매출원가 | 99,441,768 | 62,164,425 | 50,352,898 |
| 용역의 제공으로 인한 매출원가 | 520,572 | 580,902 | 441,851 |
| 건설계약으로 인한 매출원가 | 941,254 | 898,963 | 1,009,430 |
| 매출총이익(손실) | (29,645,731) | (2,970,703) | 6,765,932 |
| 판매비와관리비 | 3,009,422 | 2,875,796 | 2,678,443 |
| 영업이익(손실) | (32,655,153) | (5,846,499) | 4,087,489 |

옆 화면은 한국전력의 2020년(제60기)-2022년(제62기) 연결손익계산서 일부다. 2022년 전체 매출액이 71.2조 원인데, 매출원가가 100.9조 원이다. 제품 생산에 들어가는 비용만 이미 매출액을 훌쩍 넘는 규모고, 판매비와 관리비를 반영하자 영업손실은 32.6조 원이다.

2022년 실적만 놓고 보면 부실 기업의 전형이다. 주된 이유는 코로나19 팬데믹 이후 국제 원자재LNG 도입단가, 호주탄 가격은 폭등했으나, 전기 요금 인상은 30~40%에 그쳤기 때문이다. 참고로 같은 기간 글로벌 전기료는 평균 2배 정도 상승했다.

## ▷ 대규모 유형자산, 낮은 연구개발비 ◁

(단위 : 백만 원)

| 구 분 | 기초금액 | 취득/자본적지출 | 처 분 | 감가상각 | 손상차손환입 (손상차손) | 기타증감 | 기말금액 |
|---|---|---|---|---|---|---|---|
| 토지 | 14,107,965 | 9,535 | (49,377) | – | – | 202,814 | 14,270,937 |
| (정부보조금) | (23,474) | – | 1 | – | – | (3,932) | (27,405) |
| 건물 | 12,926,226 | 3,202 | (19,918) | (906,528) | (449) | 1,289,667 | 13,292,200 |
| (정부보조금) | (52,122) | – | – | 5,360 | – | (3,675) | (50,437) |
| 구축물 | 48,290,052 | 217,450 | (277,308) | (2,677,395) | (3,669) | 4,900,105 | 50,449,235 |
| (정부보조금) | (172,021) | – | 1,250 | 9,568 | – | (4,405) | (165,608) |
| 기계장치 | 51,755,382 | 248,932 | (188,924) | (5,748,407) | (33,191) | 8,157,993 | 54,191,785 |
| (정부보조금) | (140,082) | – | 405 | 17,283 | – | (4,732) | (127,126) |
| 선박 | 177 | – | – | (1,053) | – | 14,352 | 13,476 |
| 차량운반구 | 89,257 | 1,813 | (88) | (41,907) | – | 38,612 | 87,687 |
| (정부보조금) | (1,675) | – | – | 663 | – | (1,033) | (2,045) |
| 집기와비품 | 397,183 | 79,369 | (183) | (205,908) | (1) | 165,281 | 435,741 |
| (정부보조금) | (149) | – | – | 494 | – | (6,953) | (6,608) |
| 공구와기구 | 183,065 | 25,291 | (180) | (77,902) | – | 48,227 | 178,501 |
| (정부보조금) | (64) | – | – | 32 | – | (67) | (99) |
| 건설중인자산 | 30,156,094 | 11,671,907 | (197,293) | – | 134,735 | (13,723,972) | 28,041,471 |
| (정부보조금) | (111,822) | 23,155 | 17 | – | – | (47,276) | (135,926) |
| 사용권자산 | 4,059,397 | 197,016 | (2,838) | (509,068) | – | (33,382) | 3,711,125 |
| 복구추정자산 | 8,925,388 | – | – | (1,133,866) | – | 3,497,445 | 11,288,967 |
| 기타의유형자산 | 2,745,861 | 9,028 | (22,531) | (1,036,132) | – | 723,211 | 2,419,437 |
| 합 계 | 173,134,638 | 12,486,698 | (756,967) | (12,304,766) | 97,425 | 5,208,280 | 177,865,308 |

207

앞 화면은 한국전력의 2022년 재무제표 주석에서 확인한 유형자산 변동 내역이다. 2022년도 말 보유 유형자산은 총 177.8조 원으로 전체 자산의 75%177조 원 ÷ 234조 원에 해당했다.

전체 유형자산 중 생산설비가 104.6조 원이다. 건설중인자산의 대부분이 생산설비로 대체기타증감으로 표기되는 것을 감안할 때, 생산설비는 130조 원 이상이다. 따라서 유형자산에서 발생한 감가상각비도 12.3조 원에 달한다.

| | | (단위 : 백만 원) |
|---|---|---|
| 구 분 | 제 62(당) 기말 | 제 61(전) 기말 |
| 유동부채 | | |
| 단기차입금 | 8,820,425 | 2,920,563 |
| 유동성장기차입금 | 3,638,202 | 1,463,703 |
| 유동성사채 | 10,205,395 | 9,652,986 |
| 차감: 유동성현재가치할인차금 | (774) | (2,048) |
| 차감: 유동성사채할인발행차금 | (4,246) | (5,370) |
| 소 계 | 22,659,002 | 14,029,834 |
| 비유동부채 | | |
| 장기차입금 | 2,977,268 | 2,278,481 |
| 사채 | 95,160,920 | 64,385,784 |
| 차감: 현재가치할인차금 | (14,945) | (12,857) |
| 차감: 사채할인발행차금 | (177,543) | (152,760) |
| 가산: 사채할증발행차금 | 663 | 1,031 |
| 소 계 | 97,946,363 | 66,499,679 |
| 합 계 | 120,605,365 | 80,529,513 |

옆 화면은 한국전력의 2022년(제62기) 재무제표 주석에서 확인한 차입금 및 사채 내역이다. 2022년의 대규모 적자로 인해 2022년도에만 40조 원 증가해서, 총 차입금은 120.6조 원이다. 그리고 발생한 이자비용만 2.8조 원에 달한다.

| | | | (단위 : 백만 원) |
|---|---|---|---|
| 계정과목 | 판매비와관리비 | 제조(매출)원가 | 합 계 |
| 사용된 원재료 | - | 34,832,581 | 34,832,581 |
| 급여 | 1,142,360 | 4,329,099 | 5,471,459 |
| 퇴직급여 | 109,758 | 505,612 | 615,370 |
| 복리후생비 | 155,781 | 540,058 | 695,839 |
| 보험료 | 20,835 | 106,672 | 127,507 |
| 감가상각비 | 244,676 | 12,056,455 | 12,301,131 |
| 무형자산상각비 | 85,661 | 70,499 | 156,160 |
| 대손상각비 | 23,634 | - | 23,634 |
| 지급수수료 | 420,390 | 351,557 | 771,947 |
| 광고선전비 | 33,739 | 10,552 | 44,291 |
| 교육훈련비 | 7,327 | 14,813 | 22,140 |
| 차량유지비 | 10,749 | 10,275 | 21,024 |
| 도서인쇄비 | 3,732 | 3,014 | 6,746 |
| 업무추진비 | 3,198 | 3,340 | 6,538 |
| 임차료 | 47,680 | 186,439 | 234,119 |
| 통신비 | 7,945 | 9,677 | 17,622 |
| 운반비 | 1,012 | 113,845 | 114,857 |
| 세금과공과 | 122,177 | 554,320 | 676,497 |
| 소모품비 | 9,617 | 47,159 | 56,776 |
| 수도광열비 | 17,950 | 60,002 | 77,952 |
| 수선비 | 152,449 | 2,586,975 | 2,739,424 |
| 경상개발비 | 213,932 | 513,878 | 727,810 |
| 여비교통비 | 16,062 | 78,999 | 95,061 |
| 피복비 | 13,044 | 8,778 | 21,822 |
| 조사분석비 | 1,126 | 4,322 | 5,448 |
| 협회비 | 1,469 | 16,912 | 18,381 |
| 구입전력비 | - | 41,984,858 | 41,984,858 |
| 기타 | 143,119 | 1,902,903 | 2,046,022 |
| 합 계 | 3,009,422 | 100,903,594 | 103,913,016 |

앞 화면은 한국전력의 2022년 재무제표 주석에서 확인한 비용의 성격별 분류다. 전체 비용 103.9조 원 중 원재료와 전력 구입비가 76.7조 원으로 가장 많다. 그다음으로 감가상각비, 종업원 급여 순서다.

**한국전력이 우선적으로 전기 생산 관련 비용을 절감하거나, 전기료를 인상해야 대규모 적자에서 벗어날 수 있음을 알 수 있다. 문제는 전기 생산 관련 비용인 국제 원자재 가격을 쉽게 통제하기가 어렵다는 사실이다.**

결국 전기료를 인상해야 하나, 이 역시 정부 정책의 영향에서 벗어나기 어려운 현실이다.

## ▷ 한국가스공사, 가공의 매출액으로 이익을 내다 ◁

(단위 : 원)

| | 제 40 기 | 제 39 기 | 제 38 기 |
|---|---|---|---|
| 수익(매출액) | 51,724,286,632,369 | 27,520,756,430,324 | 20,833,721,595,457 |
| 재화의 판매로 인한 수익 | 50,788,418,565,432 | 26,626,267,737,875 | 20,129,267,398,360 |
| 용역의 제공으로 인한 수익 | 600,215,498,836 | 534,480,596,815 | 420,575,011,178 |
| 건설계약으로 인한 수익 | 113,334,240,390 | 90,407,538,743 | 56,872,407,042 |
| 정부보조금수익(매출액) | 9,270,403,070 | 4,723,153,191 | 1,440,144,759 |
| 공사부담금수익(매출액) | 146,316,452 | 608,525,798 | |
| 기타수익 | 212,901,608,189 | 264,268,877,902 | 225,566,634,118 |
| 매출원가 | 48,828,262,572,044 | 25,859,008,233,158 | 19,513,498,565,150 |
| 재화의 판매로 인한 수익에 대한 매출원가 | 48,203,353,778,360 | 25,231,326,375,902 | 19,013,091,370,473 |
| 용역의 제공으로 인한 수익에 대한 매출원가 | 427,416,652,183 | 444,643,717,587 | 351,631,691,558 |
| 건설계약으로 인한 수익에 대한 매출원가 | 106,467,086,909 | 88,310,029,488 | 60,143,698,702 |
| 정부보조금 수익(매출액)에 대한 매출원가 | 3,134,694,805 | 480,565,216 | |
| 기타수익에 대한 매출원가 | 87,890,359,787 | 94,247,544,965 | 88,631,804,417 |
| 매출총이익 | 2,896,024,060,325 | 1,661,748,197,166 | 1,320,223,030,307 |
| 판매비와관리비 | 432,602,108,280 | 422,048,863,759 | 421,367,927,091 |
| 영업이익 | 2,463,421,952,045 | 1,239,699,333,407 | 898,855,103,216 |

옆 화면은 한국가스공사의 2020년(제38기)-2022년(제40기) 연결손익계산서 일부다. 2022년 매출액 51.7조 원, 영업이익 2.4조 원으로 양호한 실적을 보이고 있다.

## ▷ 대규모 유형자산, 낮은 연구개발비 ◁

(단위 : 백만 원)

| 구 분 | 기초금액 | 취득/자본적 지출 | 처분 | 감가상각 | 손상(차손)환입(주1) | 기타증감 | 연결범위의 변동 | 기말금액 |
|---|---|---|---|---|---|---|---|---|
| 토지 | 3,234,947 | 1,223 | (1,348) | – | – | 21,227 | – | 3,256,049 |
| 건물 | 743,519 | 1,159 | (1,526) | (41,549) | – | 15,539 | – | 717,142 |
| (정부보조금) | (2,640) | (267) | – | 127 | – | – | – | (2,780) |
| 구축물 | 3,961,196 | 117 | (179) | (242,633) | – | 44,896 | – | 3,763,397 |
| (정부보조금) | (1,439) | (50) | – | 107 | – | – | – | (1,382) |
| 기계장치 | 9,613,665 | 12,381 | (3,109) | (671,250) | – | 500,521 | – | 9,452,208 |
| (정부보조금) | (112,179) | (16) | – | 6,500 | – | – | – | (105,695) |
| 전산설비 | 17,756 | 2,387 | (5) | (6,390) | – | 305 | – | 14,053 |
| (정부보조금) | (17) | (4) | – | 14 | – | – | – | (7) |
| 차량운반구 | 13,783 | 19,219 | (4) | (4,271) | – | 9 | – | 28,736 |
| (정부보조금) | (2,589) | (7,940) | – | 470 | – | (66) | – | (10,125) |
| 집기와 비품 | 10,425 | 2,631 | (9) | (4,130) | – | 610 | – | 9,527 |
| 공구와 기구 | 9,317 | 2,132 | (1) | (3,935) | – | 457 | – | 7,970 |
| (정부보조금) | (209) | (28) | – | 116 | – | – | – | (121) |
| 입목 | 55,174 | – | (36) | – | – | 426 | – | 55,564 |
| 건설중인자산 | 1,316,241 | 700,763 | – | – | – | (350,500) | – | 1,666,504 |
| (정부보조금) | (22,409) | (25,201) | – | – | – | (425) | – | (48,035) |
| 사용권자산 | 2,325,724 | 26,517 | (3,441) | (267,931) | – | 863 | – | 2,081,732 |
| 기타유형자산 | 2,420,514 | 420,140 | – | (438,951) | (149,626) | 157,307 | – | 2,409,384 |
| 합 계 | 23,580,754 | 1,154,805 | (9,658) | (1,673,643) | (149,626) | 391,169 | – | 23,293,801 |

위 화면은 한국가스공사의 2022년 재무제표 주석에서 확인한 유형자산 변동 내역이다. 한국전력과 마찬가지로 많은 유형자산을 가지고 있으며, 전체 유형자산의 절반 이상이 생산설비와 관련된 유형자산이

다. 따라서 2022년 발생한 감가상각비는 1.6조 원으로 많은 금액이다. 한편 매출액 대비 연구개발비 비중은 0.01~0.02% 수준으로 극히 미미하다.


## ▷ 2.4조 원 영업이익에도 불구하고 차입금 급증 ◁

(단위 : 백만 원)

| 구 분 | 제 40(당) 기말 | 제 39(전) 기말 |
|---|---|---|
| 유동부채 | | |
| 단기차입금 | 23,601,077 | 7,832,479 |
| 유동성사채 | 1,958,377 | 1,934,200 |
| 차감: 사채할인발행차금 | (537) | (385) |
| 소 계 | 25,558,917 | 9,766,294 |
| 비유동부채 | | |
| 장기차입금 | 192,144 | 179,480 |
| 사채 | 17,140,773 | 16,287,703 |
| 차감: 사채할인발행차금 | (46,281) | (46,740) |
| 소 계 | 17,292,636 | 16,420,443 |
| 합 계 | 42,851,553 | 26,186,737 |

위 화면은 한국가스공사의 2022년(제40기) 재무제표 주석에서 확인한 차입금 내역이다. 2.4조 원의 영업이익에도 불구하고 차입금은 오히려 26.1조 원에서 42.8조 원으로, 16.7조 원이나 급증했다. 일반적인 기업의 영업 상황이 아니다.

그 이유는 다음 화면에서 확인할 수 있다.

## 16. 천연가스 판매요금 정산손익

연결기업은 도시가스용 및 발전용 원료비연동제시행지침과 천연가스공급가격산정 기준에 따라 원료비와 공급비용의 당기요금수입과 발생원가의 차이금액(이하 '정산 손익')을 정부의 승인을 거쳐 차기연도 요금산정 시 반영하고 있습니다.

연결기업은 도시가스용 및 발전용(평균요금)의 경우 정부의 사전요금승인을 받은 정 산손익을 당기의 매출원가에서 조정하고 관련 자산ㆍ부채를 각각 기타비금융자산 및기타비금융부채로 인식하고 있습니다. 해당 자산ㆍ부채는 원료비연동제시행지침 에 따라 요금조정을 통해 원료비 정산손익을 회수될 예정이며, 회수시기 등은 정부 승인등에 따라 변동될 수 있습니다.

당기말 및 전기말 현재 천연가스 판매요금 정산손익으로 인하여 연결재무제표에 반 영한 자산ㆍ부채 내역은 다음과 같습니다.

(당기말)

(단위 : 백만 원)

| 구 분 | 원료비 | | | | 공급비용 | | 합 계 |
|---|---|---|---|---|---|---|---|
| | 도시가스용 (민수용) | 도시가스용 (상업용) | 도시가스용 (도시가스발전용) | 발전용 | 도시가스용 | 발전용 | |
| 기타유동비금융자산 | 1,245,263 | 305,366 | 8,081 | 2,169,624 | 67,387 | – | 3,795,721 |
| 기타비유동비금융자산 | 7,340,316 | 89,480 | – | 862,550 | – | – | 8,292,346 |
| 기타유동비금융부채 | – | – | – | – | – | (194,850) | (194,850) |
| 합 계 | 8,585,579 | 394,846 | 8,081 | 3,032,174 | 67,387 | (194,850) | 11,893,217 |

(전기말)

(단위 : 백만 원)

| 구 분 | 원료비(주1) | | | | 공급비용 | | 합 계 |
|---|---|---|---|---|---|---|---|
| | 도시가스용 (민수용) | 도시가스용 (상업용) | 도시가스용 (도시가스발전용) | 발전용 | 도시가스용 | 발전용 | |
| 기타유동비금융자산 | 471,169 | 321,335 | 23,912 | 660,167 | 151,578 | – | 1,628,161 |
| 기타비유동비금융자산 | 1,294,456 | 119,614 | 7,982 | 31,237 | – | – | 1,453,289 |
| 기타유동비금융부채 | – | – | – | – | – | (374,382) | (374,382) |
| 합 계 | 1,765,625 | 440,949 | 31,894 | 691,404 | 151,578 | (374,382) | 2,707,068 |

위 화면은 2022년 재무제표 주석에서 확인한 '천연가스 판매 요금 정산손익'에 대한 설명과 재무제표에 어떻게 반영되어 있는지 보여주 고 있다.

독자들의 이해를 돕기 위해 쉽게 설명하자면, 도시가스를 생산원가 발생원가보다 싸게 판매당기 요금 수입하여 그 차액이 8.9조 원이기타비금융자산 변동 금액 발생하여 실제로는 영업적자다.

하지만 차액을 나중에 도시가스 요금 인상으로 메울 계획이기 때문에, 올해 그 차액을 받을 예정인 금액<sub>매출채권이 아닌 기타비금융자산</sub>으로 회계 처리한다는 의미다.

한국가스공사의 회계 문제와 관련해서는 뉴스상으로는 미수금으로 설명되지만, 회사는 미수금이 아닌 기타비금융자산으로 회계 처리하고 있다.

**가장 큰 문제는 회사에 확인해본 결과 '기타비금융자산'의 회수가 요원하다는 점이다.**

재무제표 주석에서는 정부의 승인하에 나중에 회수하겠다고 하나, 정부는 요금 인상<sub>현재 정부가 가스 요금을 통제하고 있음</sub>을 하든, 원재료 가격<sub>한국가스공사가 인위적으로 국제 원재료 가격을 내리는 일은 현실적으로 불가능함</sub>을 내리든 한국가스공사가 알아서 적절한 시기에 회수하라는 입장이다.

한국가스공사는 실제로는 7조 원 가까운 대규모 영업적자다. 하지만 8.9조 원이 되는 '기타비금융자산'이라는 가공의 매출액이 더해져서, 회계상으로는 2.4조 원의 영업이익을 내는 성과를 보여줬다.

그 결과 실제로 대규모 영업적자와 운전자본 급증<sub>기타비금융자산과 재고자산 급증</sub>으로 차입금은 오히려 16.7조 원이나 늘어났다.

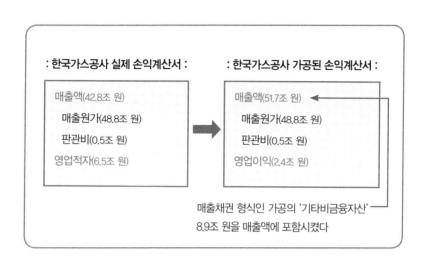

매출채권 형식인 가공의 '기타비금융자산'
8.9조 원을 매출액에 포함시켰다

한국가스공사의 이런 문제점을 우리는 현금흐름표에서 한눈에 확인할 수 있다.

(단위 : 원)

| | 제 40 기 | 제 39 기 | 제 38 기 |
|---|---|---|---|
| 영업활동으로 인한 현금흐름 | (14,580,918,441,830) | (2,070,539,824,957) | 3,251,022,956,819 |
| 당기순이익(손실) | 1,497,008,012,581 | 964,522,139,121 | (160,683,052,530) |
| 당기순이익조정을 위한 가감 | 3,368,730,565,096 | 2,104,925,169,889 | 2,842,191,386,730 |
| 법인세비용 | 448,239,655,537 | 402,811,801,569 | (108,214,918,201) |
| 이자비용 | 964,918,480,703 | 641,960,344,009 | 712,404,573,424 |
| 감가상각비와 상각비의 조정 | 1,751,358,366,410 | 1,722,329,284,772 | 1,636,714,620,894 |
| 미실현외환이익 | (792,600,274,804) | (101,029,528,322) | (73,241,739,610) |
| 당기손익으로 인식된 손상차손의 조정 | 216,902,221,360 | 20,636,971,344 | 461,712,898,204 |
| 당기손익으로 인식된 손상차손환입의 조정 | 0 | (551,257,500,000) | 0 |
| 공정가치손실(이익) | 621,459,030,606 | 33,299,101,019 | 67,631,338,335 |
| 비유동자산처분손실(이익) | 5,057,546,521 | 4,271,853,064 | 12,504,796,690 |
| 이자수익 | (71,248,194,833) | (23,534,091,155) | (21,679,838,218) |
| 당기순이익조정을 위한 기타 가감 | 224,643,733,596 | (44,563,066,411) | 154,359,655,212 |
| 자산 및 부채의 변동 | (18,687,352,800,452) | (4,570,092,611,550) | 1,279,488,433,911 |
| 재고자산의 감소(증가) | (4,059,645,624,925) | (2,201,752,643,296) | 1,256,222,543,566 |
| 매출채권의 감소(증가) | (4,608,102,210,074) | (2,525,519,809,610) | 890,880,151,639 |
| 수취채권의 감소(증가) | (415,362,640,931) | (170,709,435,233) | 3,760,497,530 |
| 유동당기손익-공정가치측정금융자산의 감소 | 26,759,059,301 | 12,205,529,584 | 3,290,449,989 |
| 기타비금융자산의 감소(증가) | (8,923,718,516,312) | (1,286,056,070,338) | (143,197,827,042) |

앞 화면은 한국가스공사의 2020년(제38기)~2022년(제40기) 현금흐름표 일부다. 2021년과 2022년 당기순이익에도 불구하고 전체 영업활동현금흐름은 큰 폭의 마이너스다.

특히 2022년 영업활동현금흐름은 마이너스 14.5조 원이나 된다. 그 주된 이유는 앞에서 설명한 가공의 매출인 기타비금융자산이 큰 폭으로 증가했기 때문이다.

# 17. 인터넷

## 무형자산에
## 기업의 성장 배경이 보인다

NAVER, 카카오, 사람인, 에코마케팅

## ▷ NAVER와 카카오, 매출액 대비 높은 연구개발비 ◁

(단위 : 백만 원)

| 과 목 | 연결 | | 별도 | |
|---|---|---|---|---|
| | 제 24기 | 제 23기 | 제 24기 | 제 23기 |
| 연구개발비용 계 | 1,809,073 | 1,655,051 | 737,434 | 629,620 |
| (정부보조금) | - | - | - | - |
| 연구개발비/영업수익 비율<br>* 연구개발비용계÷당기영업수익×100] | 22.01% | 24.28% | 13.38% | 12.55% |

위 화면은 NAVER의 2022년 사업보고서에서 확인한 연구개발비
다. 2022년(제24기) 전체 연구개발비는 1.8조 원으로 매출액 대비

217

22%에 달한다. 성장을 위한 연구개발활동에 NAVER는 많은 투자를
하고 있다.

카카오는 2022년 매출액 대비 14.4%인 1.02조 원을 연구개발비로
사용했다.

## ▷ 유형자산과 무형자산 규모 ◁

〈당기〉

(단위 : 천 원)

| 구 분 | 토지 | 건물 | 구축물 | 기계장치 | 차량운반구 | 비품 | 기타의 유형자산 | 건설중인 자산 | 합 계 |
|---|---|---|---|---|---|---|---|---|---|
| 기초금액 | 310,636,455 | 384,482,381 | 32,036,088 | 573,816,135 | 418,965 | 70,057,307 | 1,231,004 | 738,583,325 | 2,111,261,660 |
| 취득 및 자본적지출 등 | 4,556,100 | 81,970,842 | 1,601,285 | 234,202,725 | 66,664 | 64,137,507 | 273,280 | 320,766,715 | 707,575,118 |
| 사업결합으로 인한 취득 | - | 522,430 | - | 1,442,969 | 39,062 | 1,157,818 | 512,959 | 8,771,124 | 12,546,362 |
| 감가상각 | - | (36,040,336) | (12,589,658) | (267,733,423) | (141,711) | (43,282,534) | (609,845) | - | (360,397,507) |
| 처분/폐기/손상(*1) | - | - | - | (773,480) | (29,239) | (7,534,458) | (442,223) | (1,631,214) | (10,410,614) |
| 본사자산 대체 | 10,876,490 | 491,481,028 | 23,635,652 | - | - | 60,874,951 | - | (586,868,121) | - |
| 기타(*2) | (2,157,360) | (2,713,662) | 6,013 | 1,212,469 | 42,753 | 354,998 | (81,154) | 581,164 | (2,754,779) |
| 기말금액 | 323,911,685 | 919,702,683 | 44,689,380 | 542,167,395 | 396,494 | 145,765,589 | 984,021 | 480,202,993 | 2,457,820,240 |

위 화면은 NAVER의 2022년 재무제표 주석에서 확인한 유형자산
변동 내역이다. 전체 유형자산 2.4조 원 중 절반인 1.2조 원이 토지
와 건물이다. 그 외에 기계장치와 비품도 적지 않은 금액이다. 따라서
2022년 발생한 감가상각비도 3,603억 원으로 많은 편이다.

반면에 카카오는 2022년도 말 8,853억 원의 유형자산을 보유 중
이다. 네이버와의 가장 큰 차이는 건물이 497억 원으로, 계열사 대부
분이 사무실을 임대로 사용 중인 것으로 판단된다. 실제로 카카오는

2022년도 말 부동산오피스용 관련 사용권자산이 1.6조 원이고, NAVER
는 부동산 관련 사용권자산이 4,192억 원이다.

NAVER의 2022년도 말 무형자산 규모는 1.48조 원이고, 그중 영업
권기업 인수합병 관련 추가 비용이 9,477억 원이다. 반면에 카카오가 보유 중
인 무형자산 규모는 아래와 같다.

(단위 : 천 원)

| 과목 | 영업권 | 개발비 | 산업재산권 | 전속권 | 회원권/브랜드 | 기타의무형자산(주2) | 합계 |
|---|---|---|---|---|---|---|---|
| 〈장부금액의 변동〉 | | | | | | | |
| 기 초 순장부금액 | 4,900,149,925 | 204,066 | 70,081,464 | 57,560,660 | 386,295,796 | 933,502,703 | 6,347,794,614 |
| 취득 | - | 218,460 | 1,357,196 | 959,109 | 32,427,746 | 231,748,298 | 266,708,809 |
| 대체(주1) | 29,572,465 | 1,035,557 | (24,291,148) | - | 31,939,512 | 130,750,869 | 169,007,255 |
| 연결범위변동 | 176,393,641 | 42,179 | (44,539) | 11,721,993 | (426,726) | (121,104,666) | 66,581,882 |
| 처분 | - | (155,860) | (192,802) | (6,195) | (3,457,310) | (70,054,764) | (73,866,931) |
| 무형자산상각비 | - | (278,366) | (9,364,171) | (15,657,987) | (32,053,207) | (134,359,856) | (191,713,587) |
| 무형자산손상차손 | (701,516,046) | (855,604) | (6,438) | (5,281,654) | (11,304,957) | (17,936,231) | (736,900,930) |
| 기타 | 72,604,403 | 17,479 | 885,312 | (6,080) | 7,589,202 | 93,650,427 | 174,740,743 |
| 기말 순장부금액 | 4,477,204,388 | 227,911 | 38,424,874 | 49,289,846 | 411,010,056 | 1,046,194,780 | 6,022,351,855 |
| 〈취득원가 및 장부금액〉 | | | | | | | |
| 2022년 12월 31일 | | | | | | | |
| 취득원가 | 6,203,922,392 | 18,434,412 | 79,578,591 | 95,622,532 | 487,379,626 | 1,518,405,501 | 8,403,343,054 |
| 상각누계액 | - | (17,982,327) | (41,070,638) | (40,369,175) | (68,854,315) | (378,760,930) | (547,037,385) |
| 손상차손누계액 | (1,726,718,004) | (224,174) | (80,179) | (5,963,511) | (7,515,255) | (93,338,879) | (1,833,840,002) |
| 정부보조금 | - | - | (2,900) | - | - | (110,912) | (113,812) |
| 순장부금액 | 4,477,204,388 | 227,911 | 38,424,874 | 49,289,846 | 411,010,056 | 1,046,194,780 | 6,022,351,855 |

위 화면은 카카오의 2022년 재무제표 주석에서 확인한 무형자산 변
동 내역이다. 계열사 중 금융업 부문 무형자산700억 원을 제외한 제조
서비스업 부문의 무형자산이 6.02조 원이다.

그중에서 4.47조 원이 영업권이다. 카카오가 그동안 M&A인수합병를
통해서 다수의 기업을 인수해온 것을 알 수 있다. 즉 두 기업의 성장
스토리에 차이가 있다.

NAVER는 기업 인수합병을 통해서 기업의 규모를 늘렸다기보다 적극적인 연구개발활동을 통해서, 자체적으로 기업의 사업 부문을 확대해왔다. 반면에 카카오는 활발한 인수합병을 통해서 기업의 몸집을 불려 왔다.

(단위 : 천 원)

| 구 분 | 당기 | 전기 |
|---|---|---|
| 종업원급여(*) | 1,492,548,615 | 1,195,875,688 |
| 주식보상비용 | 19,649,528 | 172,717,678 |
| 복리후생비 | 240,521,301 | 176,595,367 |
| 여비교통비 | 12,562,175 | 3,936,521 |
| 감가상각비 | 360,397,507 | 329,973,292 |
| 사용권자산상각비 | 158,235,996 | 82,290,101 |
| 무형자산상각비 | 42,275,065 | 21,181,395 |
| 통신비 | 206,979,836 | 174,324,777 |
| 수도광열비 | 24,688,384 | 18,689,670 |
| 세금과공과 | 25,059,590 | 14,990,868 |
| 지급임차료 | 10,930,502 | 10,836,894 |
| 지급수수료 | 2,860,524,707 | 2,131,273,298 |
| 광고선전비 | 1,300,591,276 | 1,071,730,155 |
| 보험료 | 1,834,114 | 1,377,477 |
| 운반비 | 20,777,264 | 9,860,481 |
| 소모품비 | 26,083,234 | 16,032,396 |
| 교육훈련비 | 11,358,887 | 9,553,785 |
| 기타 | 100,396,317 | 50,881,693 |
| 합 계 | 6,915,414,298 | 5,492,121,536 |

위 화면은 NAVER의 2022년(당기) 재무제표 주석에서 확인한 비용의 성격별 분류다. 전체 비용 6.9조 원 중 종업원 급여 관련 비용이

1.7조 원이다. 실제로 4,811명 직원의 평균 급여는 1.34억 원이다.

또한 지급수수료와 광고선전비가 가장 큰 비중을 차지하고 있다. 카카오도 NAVER와 비슷하게 2022년 전체 비용 6.5조 원 중 종업원 급여 관련 비용<sub></sub>3,681명 직원의 평균 급여 1.39억 원이 1.6조 원이고, 매출연동비<sub></sub>지급수수료가 2.1조 원으로 가장 많다. 광고선전비는 4,782억 원으로 네이버의 $\frac{1}{3}$ 수준이었다.

## ▷ 인터넷 플랫폼 관련 기업, 적은 생산설비와 높은 고정비 ◁

인터넷 플랫폼 기반 사업을 영위하는 기업들의 재무제표 특징은 적은 생산설비와 그에 따른 적은 감가상각비 발생, 높은 고정비 비중이다.

〈당기〉                                                                          (단위 : 천 원)

| 구 분 | 토지 | 건물 | 비품 | 시설장치 | 건설중인유형자산 | 합계 |
|---|---|---|---|---|---|---|
| 기초장부가액 | 4,347,480 | 4,108,891 | 2,750,425 | 364,809 | 1,000,000 | 12,571,605 |
| 취득원가 | 4,347,480 | 5,971,986 | 8,541,694 | 1,629,412 | 1,000,000 | 21,490,572 |
| 감가상각누계액 | – | (1,863,095) | (5,791,269) | (1,264,603) | – | (8,918,967) |
| 일반취득 | – | – | 1,018,363 | 1,366,727 | – | 2,385,090 |
| 감가상각비 | – | (203,047) | (994,421) | (310,304) | – | (1,507,772) |
| 처분/폐기 | – | – | (1,805) | (84,598) | – | (86,403) |
| 대체 | – | – | – | 1,000,000 | (1,000,000) | – |
| 환율변동효과 | – | – | 22 | – | – | 22 |
| 기말장부가액 | 4,347,480 | 3,905,844 | 2,772,584 | 2,336,634 | – | 13,362,542 |
| 취득원가 | 4,347,480 | 5,971,987 | 8,838,320 | 2,793,746 | – | 21,951,533 |
| 감가상각누계액 | – | (2,066,143) | (6,065,736) | (457,112) | – | (8,588,991) |

앞 화면은 채용 관련 구인 회사와 구직자 간 매칭 플랫폼 서비스를 제공하고 있는 사람인의 2022년(당기) 재무제표 주석에서 확인한 유형자산 변동 내역이다.

전체 유형자산 중 절반 이상이 토지와 건물이다. 따라서 발생한 감가상각비도 15억 원 내외로 적은 편이다.

| | 2022. 12. 31 | 2021. 12. 31 |
|---|---|---|
| 급여 | 64,280,871 | 56,856,013 |
| 퇴직급여 | 4,369,652 | 3,476,917 |
| 복리후생비 | 6,827,485 | 6,054,652 |
| 여비교통비 | 284,001 | 227,361 |
| 접대비 | 148,627 | 109,194 |
| 통신비 | 688,456 | 616,188 |
| 세금과공과 | 286,083 | 223,547 |
| 감가상각비 | 1,507,772 | 1,283,094 |
| 사용권자산상각비 | 913,887 | 608,925 |
| 무형자산상각비 | 886,965 | 1,458,376 |
| 차량유지비 | 96,436 | 64,030 |
| 교육훈련비 | 303,379 | 247,317 |
| 도서인쇄비 | 75,795 | 68,888 |
| 소모품비 | 106,556 | 67,113 |
| 지급수수료 | 15,363,021 | 12,154,236 |
| 광고선전비 | 8,527,521 | 3,927,751 |
| 대손상각비 | 27,297 | 96,185 |
| 건물관리비 | 443,956 | 357,473 |
| 외주비 | 2,714,070 | 1,712,647 |
| 기타 | 494,888 | 316,869 |
| 합 계 | 108,346,718 | 89,926,776 |

옆 화면은 사람인의 2022년 재무제표 주석에서 확인한 비용의 성격별 분류다. 2022년 전체 비용의 70% 정도가 인건비 관련 비용이다.

따라서 사람인은 고정비 비중이 높은 관계로, 먼저 매출이 증가해야 기업의 이익이 증가하는 구조다.

(단위 : 천 원)

| 구 분 | 기초 | 취득 | 처분 | 감가상각비 | 대체(*) | 당기말 |
|---|---|---|---|---|---|---|
| 토지 | 336,164 | – | – | – | – | 336,164 |
| 건물 | 423,020 | – | – | (11,945) | – | 411,075 |
| 차량운반구 | 491,313 | 45,116 | – | (150,341) | – | 386,088 |
| 비품 | 541,400 | 124,927 | (620) | (200,278) | – | 465,429 |
| 사용권자산 | 1,856,630 | 487,755 | – | (1,198,760) | – | 1,145,625 |
| 건설중인자산 | – | 6,589 | – | – | (1,600) | 4,989 |
| 합 계 | 3,648,527 | 664,387 | (620) | (1,561,324) | (1,600) | 2,749,370 |

위 화면은 온라인광고 대행사인 에코마케팅의 2022년 재무제표 주석에서 확인한 유형자산 변동 내역이다.

전체 유형자산 중 절반 정도가 건물을 임대한 사용권자산이다. 그에 따라 발생하는 감가상각비의 대부분이 사용권자산임대료 감가상각비다.

| 구 분 | 당 기 | 전 기 |
|---|---|---|
| | | (단위 : 천 원) |
| 종업원급여 | 12,839,831 | 10,791,807 |
| 복리후생비 | 1,249,229 | 1,143,169 |
| 여비교통비 | 127,811 | 72,701 |
| 접대비 | 11,939 | 45,074 |
| 통신비 | 64,894 | 96,032 |
| 수도광열비 | 377,507 | 366,503 |
| 세금과공과금 | 1,150,378 | 664,493 |
| 감가상각비 | 1,561,324 | 1,461,377 |
| 지급임차료 | 95,162 | 85,100 |
| 보험료 | 244,111 | 298,897 |
| 차량유지비 | 24,076 | 36,709 |
| 경상연구개발비 | 721,307 | 854,117 |
| 운반비 | 10,096 | 11,442 |
| 교육훈련비 | 73,694 | 12,622 |
| 도서인쇄비 | 31,906 | 20,506 |
| 대행수수료 | 17,148 | 18,415 |
| 소모품비 | 84,915 | 105,326 |
| 지급수수료 | 1,923,709 | 2,235,193 |
| 판매촉진비 | - | 1,544,555 |
| 대손상각비 | 4,097 | 9,106 |
| 무형자산상각비 | 56,386 | 57,463 |
| 차량리스료 | - | 1,058 |
| 주식보상비용 | 6,620,146 | 4,929,507 |
| 영상제작비 | 317,648 | 1,048,427 |
| 기타 | 7,200 | 7,200 |
| 합 계 | 27,614,514 | 25,916,799 |

옆 화면은 에코마케팅의 2022년(당기) 재무제표 주석에서 확인한 비용의 성격별 분류다. 총 영업 비용 중 절반 이상이 인건비다.

참고로 에코마케팅은 온라인 전자상거래 종속 기업을 다수 보유하고 있는 관계로, 에코마케팅 개별 재무제표를 가지고 설명했다. 연결 재무제표의 경우에 전체 비용 중 광고선전비와 원재료 비용이 가장 많다.

# 18. 통신

## 유형자산도 많고,
## 무형자산도 많다

SK텔레콤, 이노와이어리스, 쏠리드

## ▷ 매출액 대비 많은 유·무형자산 ◁

(단위 : 백만 원)

| 구 분 | 기 초 | 취 득 | 처 분 | 대체증(감) | 상 각 | 기 말 |
|---|---|---|---|---|---|---|
| 토지 | 621,614 | – | (89) | 24,761 | – | 646,286 |
| 건물 | 564,976 | 353 | (182) | 39,082 | (41,253) | 562,976 |
| 구축물 | 290,813 | 1,293 | (32) | 10,428 | (38,175) | 264,327 |
| 기계장치 | 5,331,485 | 108,792 | (43,577) | 1,464,892 | (1,586,980) | 5,274,612 |
| 사용권자산 | 1,370,897 | 410,640 | (37,386) | (18,651) | (353,034) | 1,372,466 |
| 기타의유형자산 | 439,982 | 759,010 | (728) | (671,632) | (82,308) | 444,324 |
| 건설중인자산 | 698,641 | 1,211,667 | (1,709) | (953,927) | | 954,672 |
| 합 계 | 9,318,408 | 2,491,755 | (83,703) | (105,047) | (2,101,750) | 9,519,663 |

옆 화면은 SK텔레콤의 2022년 재무제표 주석에서 확인한 유형자산 변동 내역이다. 전체 유형자산 9.5조 원 중 기계장치가 5.2조 원, 사용권자산오피스 등이 1.3조 원으로 가장 큰 비중을 차지하고 있다. 따라서 2022년 발생한 감가상각비도 보유 유형자산 규모에 비해 많은 2.1조 원이다.

**SK텔레콤과 사업 구조가 비슷한 LG유플러스도 매출액 대비 많은 유형자산을 보유 중이며, 전기통신설비기계장치가 전체 유형자산의 70%, 사용권자산이 10%다.**

| 구 분 | 기 초 | 취 득 | 처 분 | 대체증(감) | 상 각 | (단위 : 백만 원) 기 말 |
|---|---|---|---|---|---|---|
| 주파수이용권 | 2,559,689 | – | – | – | (477,257) | 2,082,432 |
| 임차권리권 | 2,449 | – | – | – | (1,322) | 1,127 |
| 산업재산권 | 10,934 | 13,428 | (824) | (111) | (4,315) | 19,112 |
| 시설사용이용권 | 14,355 | 1,396 | (2) | 260 | (2,764) | 13,245 |
| 회원권 | 51,356 | 6,113 | (572) | – | – | 56,897 |
| 기타의무형자산 | 564,547 | 70,977 | (382) | 115,904 | (230,459) | 520,587 |
| 합 계 | 3,203,330 | 91,914 | (1,780) | 116,053 | (716,117) | 2,693,400 |

위 화면은 SK텔레콤의 2022년 재무제표 주석에서 확인한 무형자산 변동 내역이다. 영업권재무상태표에 따로 2조 원 표기을 제외한 총 무형자산은 2.7조 원이고, 대부분이 주파수이용권이다.

LG유플러스 역시 전체 무형자산 중 주파수이용권이 가장 큰 비중을 차지하고 있다.

| | 제 39 기 | 제 38 기 | 제 37 기 |
|---|---|---|---|
| 영업수익 | 17,304,973 | 16,748,585 | 16,087,747 |
| 　매출액 | 17,304,973 | 16,748,585 | 16,087,747 |
| 영업비용 | 15,692,903 | 15,361,423 | 14,839,169 |
| 　종업원급여 | 2,449,813 | 2,300,754 | 2,108,496 |
| 　지급수수료 | 5,518,786 | 5,426,114 | 5,103,012 |
| 　감가상각비 | 3,621,325 | 3,672,555 | 3,664,665 |
| 　망접속정산비용 | 715,285 | 749,599 | 770,712 |
| 　전용회선료및전파사용료 | 268,426 | 310,141 | 293,960 |
| 　광고선전비 | 252,402 | 233,401 | 272,091 |
| 　지급임차료 | 143,747 | 140,418 | 171,179 |
| 　상품및기타구입비용 | 1,268,124 | 1,167,417 | 1,106,001 |
| 　기타영업비용 | 1,454,995 | 1,361,024 | 1,349,053 |
| 영업이익(손실) | 1,612,070 | 1,387,162 | 1,248,578 |

위 화면은 SK텔레콤의 2020년(제37기)–2022년(제39기) 연결손익계산서 일부다. 2022년 전체 영업 비용 15.7조 원 중 지급수수료가 가장 많고, 그다음 감가상각비와 종업원 급여 순서다.

LG유플러스도 비슷한 비용 구조로 되어 있다.

## ▷ 통신 장비 회사, 적은 생산설비와 높은 연구개발비 ◁

(단위 : 백만 원)

| 구　　　분 | 제23기 | 제22기 | 제21기 | 비고 |
|---|---|---|---|---|
| 연구개발비용 계 | 26,261 | 19,847 | 20,224 | – |
| 정부보조금 | 796 | 2,169 | 3,227 | – |
| 연구개발비 / 매출액 비율<br>[연구개발비용계÷당기매출액×100] | 19.8% | 21.9% | 21.8% | – |

옆 화면은 통신 장비 회사인 이노와이어리스의 2020년(제21기)-2022년(제23기) 매출액 대비 연구개발비 비중이다. 매년 매출액의 20% 내외의 금액을 연구개발비로 사용하고 있다. 차세대 제품개발과 산업의 기술 변화에 적기 대응하고자 연구개발에 많은 투자를 하고 있다.

쏠리드, 케이엠더블유 등 다른 통신 장비 회사도 매출액 대비 연구개발비 비중이 10~20% 수준으로 높다.

| | | | | | | | | | (단위 : 원) |
|---|---|---|---|---|---|---|---|---|---|
| 구분 | 토지 | 건물 | 기계장치 | 차량운반구 | 비품 | 기타의 유형자산 | 사용권자산 | 건설중인자산 | 합계 |
| 취득원가: | | | | | | | | | |
| 기초금액 | 19,595,231,741 | 12,274,612,958 | 3,688,072,083 | 166,476,998 | 5,498,221,745 | 1,755,699,905 | 1,326,855,797 | 884,844,000 | 45,190,015,227 |
| 취득금액 | - | - | 58,183,731 | - | 1,164,979,817 | - | 1,436,767,661 | 9,600,000 | 2,669,531,209 |
| 기타증감(•) | (278,780,662) | (480,483,180) | - | (7,400,199) | - | (234,501,156) | (546,818,283) | (69,600,000) | (1,617,583,480) |
| 처분금액 | (43,723,783) | (42,124,217) | (14,414,303) | (14,392,956) | (74,964,097) | - | - | - | (189,619,356) |
| 환율변동효과 | - | - | 159,230,735 | 5,949,928 | (8,816,140) | - | (49,352,782) | - | 107,011,741 |
| 기말금액 | 19,272,727,296 | 11,752,005,561 | 3,891,072,246 | 150,633,771 | 6,579,421,325 | 1,521,198,749 | 2,167,452,393 | 824,844,000 | 46,159,355,341 |
| 감가상각누계액: | | | | | | | | | |
| 기초금액 | - | (2,752,318,085) | (3,314,473,734) | (104,806,267) | (3,907,214,069) | (830,987,719) | (567,405,737) | - | (11,477,205,611) |
| 감가상각비 | - | (478,475,712) | (150,665,745) | (21,403,425) | (647,902,046) | (325,453,449) | (664,390,522) | - | (2,288,290,899) |
| 기타증감(•) | - | 254,209,569 | - | 7,400,199 | - | 259,837,970 | 510,483,366 | - | 1,031,931,104 |
| 처분금액 | - | 17,112,955 | 14,414,303 | 14,390,956 | 74,671,205 | - | - | - | 120,589,419 |
| 환율변동효과 | - | - | (141,835,895) | (4,254,961) | (1,356,435) | - | 12,398,870 | - | (135,048,421) |
| 기말금액 | - | (2,959,471,273) | (3,592,561,071) | (108,673,498) | (4,481,801,345) | (896,603,198) | (708,914,023) | - | (12,748,024,408) |
| 장부금액: | | | | | | | | | |
| 기초금액 | 19,595,231,741 | 9,522,294,873 | 373,598,349 | 61,670,731 | 1,591,007,676 | 924,712,186 | 759,450,060 | 884,844,000 | 33,712,809,616 |
| 기말금액 | 19,272,727,296 | 8,792,534,288 | 298,511,175 | 41,960,273 | 2,097,619,980 | 624,595,551 | 1,458,538,370 | 824,844,000 | 33,411,330,933 |

위 화면은 이노와이어리스의 2022년 재무제표 주석에서 확인한 유형자산 변동 내역이다.

전체 유형자산의 84%가 토지와 건물이며, 생산설비기계장치는 3억 원 정도로 극히 적다. 따라서 사용권자산임대료에서 발생하는 감가상 각비를 제외하면, 보유 유형자산 대비 발생하는 감가상각비는 아주 적다.

**반도체 장비 회사와 마찬가지로 통신 장비의 주요 부품 등을 외주생 산하고 있음을 알 수 있다.** 쏠리드, 케이엠더블유 등 다른 통신 장비 회사도 적은 생산설비를 보유 중이다.

| | | (단위 : 원) |
|---|---|---|
| 구 분 | 당기 | 전기 |
| 재고자산의 변동(원재료 제외) | (1,079,835,590) | 398,831,025 |
| 원재료의 사용액 및 상품매입액 | 36,246,331,933 | 13,697,200,137 |
| 종업원급여 | 38,945,795,011 | 33,733,097,491 |
| 감가상각비와 무형자산상각비 | 3,737,983,561 | 3,799,211,877 |
| 세금과공과 | 611,072,461 | 581,750,501 |
| 임차료 | 790,285,413 | 782,234,141 |
| 소모품비 | 1,361,838,743 | 706,571,834 |
| 지급수수료 | 14,668,958,398 | 5,951,800,167 |
| 로열티 | 2,343,716,020 | 720,136,204 |
| 외주가공비 | 3,411,792,302 | 3,487,646,733 |
| 외주용역비 | 3,167,393,079 | 3,115,864,238 |
| 기타 | 14,308,868,597 | 10,557,772,550 |
| 합 계(*) | 118,514,199,928 | 77,532,116,958 |

위 화면은 이노와이어리스의 2022년(당기) 재무제표 주석에서 확인 한 비용의 성격별 분류다. 전체 비용 중 원재료비, 인건비, 지급수수

료 비중이 높다.

한 가지 특이한 부분은 통신 장비를 주로 외주제작하고 있는 영업 상황을 고려할 때, 원재료비 비중이 30%로 생각보다 높지 않다는 것이다.

(단위 : 천 원)

| 구 분 | 당기 | | | | 전기 | | | |
|---|---|---|---|---|---|---|---|---|
| | 매출원가 | 판관비 | 경상연구개발비 | 합 계 | 매출원가 | 판관비 | 경상연구개발비 | 합 계 |
| 재고자산의 사용 | 152,318,870 | - | - | 152,318,870 | 121,427,926 | - | - | 121,427,926 |
| 급여 | 5,412,479 | 20,733,298 | 11,985,079 | 38,130,856 | 6,340,403 | 15,735,981 | 6,506,464 | 28,582,848 |
| 퇴직급여 | 374,577 | 1,149,175 | 961,462 | 2,485,214 | 340,746 | 1,018,164 | 486,821 | 1,845,731 |
| 복리후생비 | 745,795 | 2,243,993 | 1,343,163 | 4,332,951 | 820,380 | 2,121,208 | 1,221,102 | 4,162,690 |
| 외주가공비 | 1,673,089 | 509,608 | - | 2,182,697 | 5,248,533 | 528,164 | - | 5,776,697 |
| 감가상각비 | 1,865,136 | 2,559,220 | 1,081,873 | 5,506,229 | 1,799,731 | 2,226,397 | 665,450 | 4,691,578 |
| 무형자산상각비 | 13,235 | 1,873,477 | 2,423,362 | 4,310,074 | 5,302 | 1,259,131 | 781,326 | 2,045,759 |
| 대손상각비 | - | 1,705,327 | - | 1,705,327 | - | 255,800 | - | 255,800 |
| 여비교통비 | 134,185 | 1,395,386 | 259,700 | 1,789,271 | 140,682 | 618,892 | 81,367 | 840,941 |
| 접대비 | - | 560,102 | - | 560,102 | - | 371,841 | - | 371,841 |
| 소모품비 | 238,687 | 614,825 | 222,783 | 1,076,295 | 401,102 | 589,738 | 328,922 | 1,319,762 |
| 지급임차료 | 1,587,233 | 178,561 | 2,940,466 | 4,706,260 | 2,327,095 | 150,708 | 2,366,883 | 4,844,686 |
| 지급수수료 | 2,762,725 | 6,616,704 | 1,206,448 | 10,585,877 | 3,039,294 | 10,724,229 | 1,109,285 | 14,872,808 |
| 고객지원활동비 | 720,750 | 1,775,563 | - | 2,496,313 | - | 1,059,179 | - | 1,059,179 |
| 수출비 | - | 7,428,035 | - | 7,428,035 | - | 4,839,691 | - | 4,839,691 |
| 판매보증비 | - | 367,723 | - | 367,723 | - | (1,153,036) | - | (1,153,036) |
| 위탁개발비 | 1,725,892 | - | 1,062,315 | 2,788,207 | 530,346 | - | 3,107,146 | 3,637,492 |
| 연구용원재료 | 1,235,783 | - | 1,785,086 | 3,020,870 | 524,022 | - | 864,537 | 1,388,559 |
| 판매활동비 | - | 1,052,907 | - | 1,052,907 | - | 1,294,339 | - | 1,294,339 |
| 건물관리비 | - | 603,971 | - | 603,971 | - | 560,248 | - | 560,248 |
| 기타 | 970,975 | 2,092,706 | 682,327 | 3,746,008 | 766,356 | 2,533,188 | 783,437 | 4,082,981 |
| 연결범위변동 | - | - | - | - | - | (132,207) | (488,036) | (620,243) |
| 합 계 | 171,779,412 | 53,460,581 | 25,954,064 | 251,194,057 | 143,711,918 | 44,601,655 | 17,814,704 | 206,128,277 |

위 화면은 쏠리드의 2022년(당기) 재무제표 주석에서 확인한 비용의 성격별 분류다. 이노와이어리스와는 다르게 전체 비용 중 60%가 원

재료 비용이다.

케이엠더블유 역시 전체 비용의 절반 이상이 원재료 비용이다. 이는 생산하는 통신 장비 제품 차이로 인해, 회사 비용 구조에 차이가 발생한 것으로 판단된다.

이노와이어리스가 생산하는 통신 장비는 상대적으로 소형인 관계로, 원재료 매입 비용이 적은 것으로 생각된다.

# 19. 전기전자

## 재무제표로 본
## 삼성전기와 LG이노텍의 차이점

LG전자, 삼성전기, LG이노텍

## ▷ LG전자의 재무제표 ◁

(단위 : 억 원, %)

| 사업부문 | 매출유형 | 품목 | 구체적 용도 | 주요상표 등 | 제 21 기 | |
|---|---|---|---|---|---|---|
| | | | | | 매출액 | 비율 |
| H&A | 제품/상품/기타 | 냉장고, 세탁기, 에어컨 등 | 가정용 전기제품, 냉난방기기 및 핵심부품 | LG, DIOS, TROMM, LG SIGNATURE, LG SIGNATURE KICHEN SUITE, Cord Zero, 오브제컬렉션, WHISEN, PuriCare, 에어로타워 등 | 298,955 | 35.8 |
| HE | 제품/상품/기타 | TV, Audio, 뷰티기기 등 | 영상기기, 멀티미디어, 뷰티케어 등 | LG SIGNATURE, XBOOM, Pra.L, TONE Free 등 | 157,267 | 18.8 |
| VS | 제품/상품/기타 | 텔레매틱스, AV, AVN, 모터, 인버터, 컨버터 등 | 차량용 통신 및 멀티미디어, 전기자동차 부품 등 | - | 86,496 | 10.4 |
| BS | 제품/상품/기타 | 모니터, PC, 사이니지 등 | 정보 전달 및 호텔 TV 등 | LG, 그램, 시네빔 등 | 60,903 | 7.3 |
| 이노텍 | 제품/상품/기타 | Optics Solution 등 | Camera Module 등 | - | 195,922 | 23.5 |
| 기타 (*) | 제품/상품/기타 | 설비, 부문간 내부거래 등 | 생산설비 등 | - | 35,130 | 4.2 |
| 합계 | | | | | 834,673 | 100.0 |

233

앞 화면은 LG전자의 2022년 사업보고서에서 확인한 주요 제품 현황이다. LG전자가 핵심 사업부로 육성 중인 차량용 전장 VS 사업부의 매출액이 2022년 8.6조 원으로, 전체 매출에서 차지하는 비중이 처음으로 10%를 넘었다. 2020년 5.8조 원이었던 VS 사업부 매출이 2년 만에 2.8조 원 증가했다.

## ▷ 유형자산과 연구개발 현황 ◁

(단위 : 백만 원)

| 구 분 | 2022년 | | | | | | | | |
|---|---|---|---|---|---|---|---|---|---|
| | 토지 | 건물 | 구축물 | 기계장치 | 공구와기구 | 비품 | 기타의 유형자산 | 건설중인 유형자산 | 합 계 |
| 기초 순장부금액 | 2,875,668 | 6,525,130 | 250,886 | 2,926,111 | 516,139 | 370,421 | 682,343 | 554,086 | 14,700,784 |
| 취득 | 165,730 | 621,584 | 6,148 | 95,189 | 204,920 | 168,957 | 82,248 | 2,479,528 | 3,824,304 |
| 사업결합으로 인한 취득 | – | – | – | 110 | 3 | 110 | 119 | – | 342 |
| 매각예정자산에서 재분류 | – | 1,371 | – | – | – | – | – | – | 1,371 |
| 대체(*1) | 7,982 | 384,270 | 7,122 | 1,621,628 | 222,579 | 28,104 | 131,270 | (2,304,516) | 98,439 |
| 처분 등 | (49,376) | (53,798) | (4,199) | (24,602) | (7,595) | (4,847) | (5,635) | – | (150,052) |
| 사업양도로 인한 감소 | – | – | – | – | (52) | (5) | – | – | (57) |
| 감가상각비 | (44,683) | (581,286) | (19,265) | (1,104,748) | (354,308) | (136,361) | (288,078) | – | (2,528,729) |
| 손상차손(*2)(*3)(*4) | – | (120,160) | (348) | (84,663) | (5,501) | (302) | (20,910) | – | (231,884) |
| 환산외환차이 | 10,205 | 64,850 | 2,729 | 27,892 | (3) | 3,470 | 251 | 7,926 | 117,320 |
| 기말 순장부금액 | 2,965,526 | 6,841,961 | 243,073 | 3,456,917 | 576,182 | 429,547 | 581,608 | 737,024 | 15,831,838 |

위 화면은 LG전자의 2022년 재무제표 주석에서 확인한 유형자산 변동 내역이다. 전체 유형자산 15.8조 원 중 62%인 9.8조 원이 토지와 건물이고, 생산설비기계장치는 21%인 3.4조 원이다. 전체 유형자산 중 생산설비 비중이 그리 큰 편은 아니다.

따라서 보유 유형자산 대비 발생한 감가상각비도 그리 많은 편이 아닌 2.5조 원이다. 반면에 2022년도 연구개발비는 4조 원으로 매출액 대비 비중은 4.8%다.

## ▷ 전기자동차 관련 충당부채의 영향 ◁

(단위 : 백만 원)

| 구 분 | 2022년 | | | |
| --- | --- | --- | --- | --- |
| | 판매보증<br>충당부채 | 복구<br>충당부채 | 소송<br>충당부채 등 | 합 계 |
| 기초 장부금액 | 2,767,091 | 50,480 | 165,438 | 2,983,009 |
| 충당부채 순전입액(*) | 823,873 | (7,958) | 60,285 | 876,200 |
| 사용액 | (2,041,401) | (5,896) | (54,498) | (2,101,795) |
| 환산외환차이 | 7,071 | (252) | 4,702 | 11,521 |
| 기말 장부금액 | 1,556,634 | 36,374 | 175,927 | 1,768,935 |
| 유동항목 | 1,436,859 | 10,701 | 33,245 | 1,480,805 |
| 비유동항목 | 119,775 | 25,673 | 142,682 | 288,130 |

(단위 : 백만 원)

| 구 분 | 2021년 | | | |
| --- | --- | --- | --- | --- |
| | 판매보증<br>충당부채 | 복구<br>충당부채 | 소송<br>충당부채 등 | 합 계 |
| 기초 장부금액 | 966,233 | 47,038 | 182,508 | 1,195,779 |
| 충당부채 순전입액(*) | 2,617,243 | 5,631 | 43,625 | 2,666,499 |
| 사용액 | (829,762) | (2,492) | (65,862) | (898,116) |
| 사업양도로 인한 감소 | (2,383) | – | – | (2,383) |
| 환산외환차이 | 15,760 | 303 | 5,167 | 21,230 |
| 기말 장부금액 | 2,767,091 | 50,480 | 165,438 | 2,983,009 |
| 유동항목 | 2,559,658 | 32,250 | 17,376 | 2,609,284 |
| 비유동항목 | 207,433 | 18,230 | 148,062 | 373,725 |

앞 화면은 LG전자의 2021년과 2022년 충당부채 변동 내역이다. 2021년 추가로 설정한 판매보증충당금충당부채은 2.6조 원이고, 8,297억 원을 사용했다. 반면에 2022년에는 신규로 8,238억 원을 판매보증충당금으로 설정했고, 실제 사용 충당금은 2.04조 원이다.

LG전자의 2021년과 2022년 판매보증충당금의 설정과 실제 사용 금액을 비교해봤을 때, LG에너지솔루션처럼 전기자동차 리콜 관련 충당금 설정이 전체 충당부채의 변동에 큰 영향을 준 것으로 판단된다.

즉 전기자동차 리콜이 발생하고 LG전자의 부담금이 확정되면 당해 연도에 해당 금액을 충당금으로 설정하고, 실제 충당금 사용은 다음 연도에 대부분 이루어지고 있다.

## ▷ 2022년 재무제표에 나타난 삼성전기와 LG이노텍의 차이점 ◁

(단위 : 원)

|  | 제 50 기 | 제 49 기 | 제 48 기 |
|---|---|---|---|
| 매출액 | 9,424,551,868,027 | 9,675,036,127,726 | 7,753,259,286,388 |
| 매출원가 | 7,161,405,783,757 | 7,127,098,008,982 | 5,784,472,159,213 |
| 매출총이익 | 2,263,146,084,270 | 2,547,938,118,744 | 1,968,787,127,175 |
| 판매비와관리비 | 1,080,310,159,999 | 1,061,065,284,940 | 1,056,048,450,416 |
| 영업이익 | 1,182,835,924,271 | 1,486,872,833,804 | 912,738,676,759 |

옆 화면은 삼성전기의 2020년(제48기)–2022년(제50기) 연결손익계산서 일부다. 2022년 매출액은 전년 동기 대비 소폭 감소했고, 매출원가는 소폭 증가했다. 전체적으로 보면 영업이익이 20% 이상 감소했다.

LG이노텍의 2022년 실적을 아래에서 확인해보자.

(단위 : 원)

|  | 제 47 기 | 제 46 기 | 제 45 기 |
|---|---|---|---|
| 매출액 | 19,589,409,483,381 | 14,945,609,219,058 | 9,541,789,540,547 |
| 매출원가 | 17,215,010,892,566 | 12,815,071,627,549 | 8,251,449,217,961 |
| 매출총이익 | 2,374,398,590,815 | 2,130,537,591,509 | 1,290,340,322,586 |
| 영업비용 | 1,102,647,058,787 | 866,314,350,628 | 609,321,313,526 |
| 판매비 | 353,935,155,864 | 310,554,546,021 | 168,385,563,643 |
| 관리비 | 178,103,882,023 | 147,126,908,872 | 112,473,490,913 |
| 연구개발비 | 570,608,020,900 | 408,632,895,735 | 328,462,258,970 |
| 영업이익 | 1,271,751,532,028 | 1,264,223,240,881 | 681,019,009,060 |

위 화면은 LG이노텍의 2020년(제45기)–2022년(제47기) 연결손익계산서 일부다. 2022년 매출액은 전년 동기 대비 31% 증가했으나 매출원가 및 영업 비용판관비, 연구개발비도 크게 증가해서, 영업이익 증가는 거의 없었다.

**영업이익 증가가 없었음에도 불구하고 전체적으로 회사 매출이 증가하고, 비용도 증가하는 모습이 삼성전기보다는 긍정적이라고 판단할 수 있다. 일단 매출이 증가해야 향후 이익의 개선 여지가 있기 때문이다.**

두 기업을 비교한 이유는 카메라모듈을 공통적으로 생산하기 때문이다.

[제50기 ('22.01.01 ~ '22.12.31)]

(단위 : 백만 원)

| 사업부문 | 주요제품 | 구체적용도 | 매출액 | 비중 |
|---|---|---|---|---|
| 컴포넌트 | 수동소자(MLCC, Inductor, Chip Resistor 등) | 스마트폰용, 전장용, PC용 등 | 4,132,283 | 43.84% |
| 광학통신솔루션 | 카메라모듈, 통신모듈 | 스마트폰용, 전장용 등 | 3,203,950 | 34.00% |
| 패키지솔루션 | 반도체패키지기판 | PC용, 스마트폰용 등 | 2,088,319 | 22.16% |
| 계 | | | 9,424,552 | 100.00% |

위 화면은 2022년 삼성전기의 주요 제품 현황이다. 적층세라믹콘덴서$_{MLCC}$가 삼성전기의 대표 제품이지만, 카메라모듈 역시 매출 비중이 적지 않다.

(단위 : 백만 원)

| 사업부문 | 매출유형 | 품 목 | 2022년 | | 2021년 | | 2020년 | |
|---|---|---|---|---|---|---|---|---|
| | | | 매출액 | 비율 | 매출액 | 비율 | 매출액 | 비율 |
| 광학솔루션사업부 | 제품/상품/기타 등 | Camera Module 등 | 15,964,797 | 81.5% | 11,845,720 | 79.3% | 7,055,923 | 74.0% |
| 기판소재사업부 | | 반도체기판, Tape Substrate, Photomask 등 | 1,693,788 | 8.6% | 1,567,008 | 10.5% | 1,218,386 | 12.8% |
| 전장부품사업부 | | 모터/센서, 차량통신 등 | 1,446,269 | 7.4% | 1,062,310 | 7.1% | 910,246 | 9.5% |
| 기타 | | 전자부품 등 | 484,555 | 2.5% | 470,571 | 3.1% | 357,235 | 3.7% |
| 합계 | | | 19,589,409 | 100.0% | 14,945,609 | 100.0% | 9,541,790 | 100.0% |

위 화면은 LG이노텍의 2022년 주요 제품 현황이다. 삼성전기와는 다르게 카메라모듈의 매출 비중이 81.5%로, LG이노텍의 대표 제품이다. 카메라모듈의 매출 비중에 차이가 있음을 감안해도, 2022년 두 기업의 실적이 큰 차이를 보인 이유를 확인해볼 필요가 있다.

나. 주요 제품 등의 가격변동추이

MLCC의 평균판매가격은 전년 대비 30.2% 상승 하였으며, 카메라모듈의 평균판매가격은 전년 대비 4.1% 하락 하였습니다. 반도체패키지기판의 평균판매가격은 전년 대비 25.9% 상승 하였습니다.

나. 주요 원재료 등의 가격변동추이

컴포넌트 사업부문의 주요 원재료인 PASTE/POWDER의 평균 매입단가는 전년 대비 8.3% 상승, 광학통신솔루션 사업부문의 주요 원재료인 카메라모듈용 센서 IC의 평균 매입단가는 전년 대비 0.4% 상승하였고, 패키지솔루션 사업부문의 원재료 중 CCL/PPG의 평균 매입단가도 전년 대비 10.2% 상승하였습니다.

위 화면은 삼성전기의 2022년 사업보고서에서 확인한 주요 제품과 원재료 가격 변동 추이다. 생산 제품인 카메라모듈의 평균 판매 가격이 전년 대비 4.1% 하락했다. 또한 관련 원재료인 카메라모듈용 센서 IC의 평균 매입단가는 전년 대비 0.4% 상승에 그쳤다.

2022년 삼성전기의 매출이 전년 대비 소폭 감소한 주요 원인이다.

나. 주요 제품의 가격변동추이

(1) 가격변동추이
- 카메라모듈의 2021년 평균 판매가격은 2020년 대비 13.7% 상승하였으며, 2022년은 2021년 대비 31.6% 상승하였습니다.

나. 주요 원재료 가격변동 현황

(1) 주요 원재료 가격변동
- 광학솔루션 사업의 주요 원재료인 Image Sensor의 2021년 평균가격은 2020년 대비 3.9% 상승하였으며, 2022년 평균가격은 2021년 대비 42.1% 상승하였습니다.

앞 화면은 LG이노텍의 2022년 사업보고서에서 확인한 주요 제품과 원재료 가격 변동 추이다. 카메라모듈의 경우에 삼성전기와는 다르게 2022년 전년 대비 무려 31.6%나 상승했다. 기업의 전체 매출액 증가율과 같았다.

원재료인 이미지센서 역시 삼성전기와는 다르게 42.1% 급등했다. 카메라모듈 판매 고객이 다르지만, 가격 변동에 큰 차이를 보인 이유를 파악하기 위해 LG이노텍 주식 IR 담당자에게 확인했다.

LG이노텍은 고객에게 납품하는 카메라모듈의 이미지센서 스펙이 2022년 대폭 업그레이드되었다. 그와 관련해 부속품 사이즈까지 확대되면서, 제품 판매단가와 원재료 가격이 동시에 크게 상승했다고 설명해줬다. 이런 차이는 두 기업의 비용 분류에서 확인할 수 있다.

(단위 : 천 원)

| 구 분 | 당 기 | 전 기 |
|---|---|---|
| 제품 및 재공품 등의 변동 | (188,009,684) | (285,407,124) |
| 원재료의 사용액 및 상품의 매입액 등 | 3,372,203,401 | 4,083,456,869 |
| 종업원급여 | 2,171,239,504 | 2,067,396,296 |
| 감가상각비(*) 및 무형자산상각비 | 878,798,867 | 866,427,710 |
| 임가공비 | 317,463,161 | 332,662,847 |
| 지급수수료 | 194,693,562 | 195,828,967 |
| 기타의 경비 | 1,531,315,536 | 1,625,553,954 |
| 차감 : 중단영업손익으로 분류 | (35,988,403) | (697,756,225) |
| 매출원가 및 판매비와관리비의 합계 | 8,241,715,944 | 8,188,163,294 |

옆 화면은 삼성전기의 2022년(당기) 재무제표 주석에서 확인한 비용의 성격별 분류다. 원재료 비용이 전년 대비 6천억 원 이상 감소했다.

LG이노텍의 비용 구조를 아래에서 파악해보자.

(단위 : 백만 원)

| 구 분 | 2022년 | 2021년 |
|---|---|---|
| 계속영업 | | |
| 재고자산(원재료제외)의 변동 | (515,934) | (375,468) |
| 원재료 투입 및 상품매입 등 | 14,777,741 | 10,651,514 |
| 종업원급여 | 1,516,907 | 1,237,165 |
| 감가상각비와 무형자산상각비 | 865,857 | 766,149 |
| 운반비 | 167,788 | 104,681 |
| 외주가공비 | 366,705 | 364,742 |
| 소모품비 | 251,431 | 196,830 |
| 전력비 및 수도료 | 114,880 | 83,679 |
| 지급수수료 | 334,234 | 261,258 |
| 기타비용 | 438,049 | 390,836 |
| 계속영업 소계 | 18,317,658 | 13,681,386 |
| 중단영업 | 3,876 | 9,632 |
| 매출원가 및 영업비용의 합계 | 18,321,534 | 13,691,018 |

위 화면은 LG이노텍의 2022년 재무제표 주석에서 확인한 비용의 성격별 분류다. 삼성전기와는 다르게 원재료 비용이 2021년 10.3조 원에서 2022년 14.2조 원으로 크게 증가했다.

## 주식 고수는 투자 정보를
## 어디서, 무엇을, 어떻게 찾나?
# 네이버 증권

네이버 증권으로 배우는
'주식 투자 실전 가이드북!'

▶ 기본적 분석, 기술적 분석, 심리적 분석까지
네이버 증권이면 충분하다!

알렉스 강 지음 | 대국전 | 308쪽 | 값 25,000원

---

## 금과 부동산이 100% 오를 때,
## 200% 오른 수익률 1위
# 해외 ETF 백과사전

가장 쉽고 확실하게 수익 내는
'천하무적 재테크!'

▶ 주식은 무섭고, 고수익은 탐나고, 어쩌면 좋죠?
정답은 바로, 해외 ETF 투자!

김태현 지음 | 대국전 | 336쪽 | 값 25,000원

---

## 연금처럼 투자해서
## 인생이 즐거워지는
# 중국 배당주 투자

배당주 투자의 주 수익은 배당금이고,
'시세 차익은 덤'이다!

▶ 중국 배당주 투자로 내재 가치와 안전마진이라는
두 마리 토끼를 한 번에 잡아라!

정순필 지음 | 신국판 | 276쪽 | 값 19,400원